明代登科錄彙編十一

應天府鄉試錄序

皇上即位二十有八年四海九州章
縫之士與偕計者盖九歌鹿鳴
矣廼今己酉復當大比應天府
鄉試臣銑與臣廷用祗以
上命往典茲比至而同考試官學正
臣欽臣齡高臣朝憲教諭臣桂

臣鑄臣志臣子充臣汝魁臣啓
初皆至提調府丞臣鰲監試御
史臣順臣鑑咸共毖飭以待臣
等於是合提學御史臣胡植所
簡士暨六館諸生凡四千五百
有奇鎖院而三試之以
制登其雋百三十五人廼錄其姓

氏并文之粹者獻于
上
臣銑以職事序曰臣聞才者禀於
地者殊其質乎於化者一其趨
自昔人材之盛靡不由之嘗觀
成周之世岐豐之間孕靈鍾和
以生賢俊而文武成康之化相
紹淪洽而成就之故菁莪棫樸

咏之在詩此非獨地靈固神化
使然哉今
留都
國家之岐豐也山川龐秀甲諸天
下蓋南方諸山宗於衡岳蟺蜿
萬里峙為鍾山江淮之水西盡
于海所謂中州清淑之氣於是

焉竊者我
高皇帝受
天明
命定鼎于斯肇修文德實首先被服
追我
皇上承八世之業撫
中興之運右文闡化

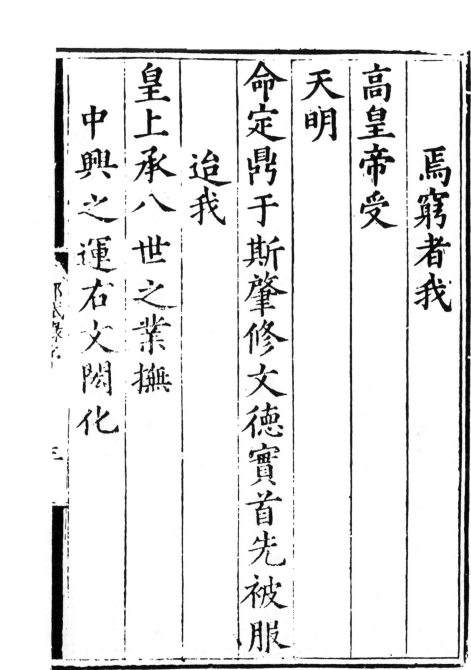

德惠攸長海內敬應不翕然矧
茲畿甸得之最深而又最易士
生其間巻懋英乂郁郁彬彬冠
弁天下固不可專歸諸山川之
孕毓也 臣令讀其文有溫而理
沖而邃於思穆乎清廟之奏者
焉有疏而暢達而不滯於指渙

乎水上之風行者焉有馳驟古今抑揚變化颯颯乎若風檣陣馬錯發而迅至者焉臣以為溫而理冲而邃於思其士之淵懿者邪此可以共謨猶矣疏而暢達而不滯於指其士之膚敏者邪此可以備亮采矣馳驟古今

抑揚變化其士之長材英略而
可以接諸艱難應務無窮矣試
使諸士子執是以往其遂能謨
明弼諧祗若于
上焉其遂能亮采惠疇於世焉其遂
能不避艱難而應變無窮焉則
諸士子之產於畿甸者眞足以

當
昭代文明之會裨萬世隆平之治
山川之委和
國家之神化庶幾無負而主司亦
與有榮哉始 臣 奉
命而南也蚤夜圖惟究所以拔厥雋
者亟用爲憂既得雋 臣 二人暨

諸執事相與慶曰斯可以藉手

報

聖天子矣則亟以為喜而又恐諸儒

行或弗嗣其言也將或弗若其

令也廼咎 臣 等于弗明則復以

為懼故諄諄告焉

翰林院侍讀承直郎敖銑謹序

嘉靖二十八年應天府鄉試

提調官

應天府府丞何鰲 巨卿浙江山陰縣人 丁丑進士

考試官

翰林院侍讀承直郎敖銑 純之江西高安縣人 乙未進士

翰林院修撰儒林郎黃廷用 汝行福建莆田縣人 乙未進士

同考試官

山東東昌府高唐州儒學學正周欽 允恭福建閩縣人 丙午貢士

山東兗州府曹州儒學學正李齡高 崇卿廣西桂林衛籍 全州人丁酉貢士

四川瀘州儒學學正張朝憲 子度雲南蒙化衛籍直隸通州人癸卯貢士

福建泉州府晉江縣儒學教諭黃桂 元聲廣東英德縣人丙午貢士

福建漳州府詔安縣儒學教諭趙鏄 俶載江西上高縣人庚子貢士

湖廣黃州府黃岡縣儒學教諭康志 求道江西泰和縣人庚子貢士

江西吉安府泰和縣儒學教諭楊子充 復初福建福清縣人甲午貢士

河南南陽府唐縣儒學教諭梁汝魁 思文湖廣鄖西縣籍江西泰和縣人癸卯貢士

廣東潮州府揭陽縣儒學教諭黃啓初 仲白福建莆田縣人癸卯貢士

監試官

文林郎巡按福建道監察御史楊順 子備直隸德州衛籍山東文登縣人辛丑進士

南京浙江道試監察御史張　鑑　汝明四川內江縣人　甲辰進士

收掌試卷官

應天府治中龐　嵩　振卿廣東南海縣人　甲午貢士

印卷官

應天府通判桂　載　伯坤江西安仁縣人　官生

應天府推官錢　充　仲貞直隸常熟縣人　辛卯貢士

受卷官

應天府上元縣知縣袁　鑑　慶昭[illegible]縣人　乙酉貢士

南京金吾後衛經歷司經歷蘇　藻　德[illegible]縣人　監生

彌封官

應天府句容縣知縣徐九思 子慎江西貴溪縣人 乙酉貢士

南京龍虎衛經歷司經歷胡應恍 士誠直隸永年縣人 監生

謄録官

應天府江寧縣知縣祝朝用 尚賓四川儀衛司人 乙酉貢士

應天府溧水縣知縣包桐 子同浙江鄞縣人 戊子貢士

對讀官

應天府高淳縣知縣黄餘慶 子積江西安義縣人 壬午貢士

南京龍江左衛經歷司經歷盧堯亮 惟時浙江東陽縣人 監生

巡綽官

懷遠將軍新安衛指揮同知張　紳　係[illegible]

明威將軍安慶衛指揮僉事朱　紅　正己直隷[illegible]

搜檢官

武德將軍南京留守中衛正千戸夏　勳　功桂直隷當塗縣人

武德將軍南京留守前衛正千戸李　本　汝立江西南城縣人

昭信校尉南京留守右衛百戸沙　釜　良器直隷泰州人

昭信校尉南京留守中衛百戸李　果　進之河南武安縣人

供給官

應天府經歷司經歷張　鶴　鳴皋山西安邑縣人監生

應天府經歷司知事秦　環　君佩山西忻州人監生

應天府照磨所照磨王　偉　修儀山西太原縣人監生

應天府照磨所檢校張大倫　秉彝陝西米脂縣人監生

南京鷹揚衛經歷司經歷蔣　芫　仁卿江西上饒縣人監生

應天府上元縣縣丞宋德盛　守謙山東靈山衛人監生

應天府江寧縣縣丞曹　炳　汝文直隸太平縣人監生

應天府上元縣主簿廖　銓　養人福建龍巖縣人監生

應天府上元縣主簿劉　鑰　子建四川永寧宣撫司人監生

應天府江寧縣主簿趙德秀 邦[illegible][illegible]臨[illegible]縣人 監生

應天府句容縣縣丞賈中錫 德[illegible]浙江[illegible]縣人 監生

應天府高淳縣主簿曾堡 伯安直隸[illegible]州衛人 監生

應天府溧水縣主簿周堂 時升湖南[illegible]邑縣人 監生

應天府江寧縣典史毛綱 文舉浙江餘姚縣人 吏員

應天府句容縣典史厲讚 朝相浙江上虞縣人 吏員

應天府溧水縣典史吳昇 建明江西南昌縣人 吏員

應天府溧陽縣典史陳謨 崇之浙江鄞縣人 吏員

應天府都稅司大使周弼 良用直隸和州人 吏員

應天府江東驛驛丞袁東光 應賓江西吉水縣人 承差

應天府龍江水馬驛驛丞劉禎 國祥四川潼川州人 承差

應天府江寧縣江寧馬驛驛丞曾達 德大江西豐城縣人 承差

應天府江浦縣江淮驛驛丞楊煥 子大江西廬陵縣人 承差

應天府句容縣雲亭驛驛丞李信成 子[illegible]江西玉山縣人 承差

應天府江浦縣東葛城驛驛丞鄭鈇 以誠福建莆田縣人 承差

第壹場

四書

樊遲問仁子曰愛人問知子曰知人樊遲未達子曰舉直錯諸枉能使枉者直

文武之政布在方策其人存則其政舉

賢者在位能者在職國家閒暇及是時明其政刑

易

九四由豫大有得勿疑朋盍簪

寒泉之食中正也

乾知大始坤作成物乾以易知坤以簡能易則易知簡則易從易知則有親易從則有功有親則可久有功則可大可久則賢人之德可大則賢人之業易簡而天下之理得矣天下之理得而成位乎其中矣

以通神明之德以類萬物之情

帝曰咨四岳有能典朕三禮僉曰伯夷帝
曰俞咨伯汝作秩宗夙夜惟寅直哉惟
清伯拜稽首讓于夔龍帝曰俞往欽哉

惟天聰明惟聖時憲
三后協心同底于道道洽政治
一人有慶兆民賴之其寧惟永

詩

彼茁者葭壹發五豝于嗟乎騶虞彼茁者
蓬壹發五豵于嗟乎騶虞

吉甫燕喜既多受祉來歸自鎬我行永久
飲御諸友炰鼈膾鯉侯誰在矣張仲孝
友
周王壽考遐不作人
不競不絿不剛不柔
春秋
冬鄭公孫夏帥師伐陳襄公二十有五年
叔孫豹會晉趙武楚公子圍齊國弱宋
向戌衛齊惡陳公子招蔡公孫歸生鄭

罕虎許人曹人于虢 昭公元年 叔孫州仇帥師墮郈 季孫斯仲孫何忌帥師墮費 俱定公十有二年

冬十月齊師滅譚譚子奔莒 莊公十年 冬晉人執虞公 僖公五年 春王正月丙午衛侯燬滅邢 僖公二十有五年 秋楚人滅夔以夔子歸 僖公二十有六年

秋晉荀吳帥師伐鮮虞 昭公十有五年

五月於越敗吳于檇李 定公十有四年

禮記

德産之致也精微

是故治世之音安以樂其政和

仁人不過乎物孝子不過乎物是故仁人

之事親也如事天事天如事親

君子力此二者以南面而立夫是以天下

大平也諸侯朝萬物服體而百官莫敢

不承事矣

第貳塲

論

君子莫大乎與人爲善

詔誥表內科一道

擬漢舉賢良文學詔始元六年

擬唐以狄仁傑爲侍御史誥儀鳳元年

擬平胡回

鑾羣臣賀表永樂十二年

判語五條

講讀律令

私借官車船

上書陳言

官馬不調習

官司出入人罪

第叁場

策五道

問自古帝王得天下而守之傳諸久後其

世可得而詳已若我

太祖高皇帝誕膺

天命肇造方夏削平四方之僭亂汛掃百年之
胡虜自生民以來孰有能竝其盛者乎
夫自禪授易而放伐興湯武之事詩書
蓋多有焉易曰湯武革命順乎天而應
乎人或者乃有逆取順守之說何歟儒
者言三代而後漢得天下獨正取守之
迹必有庶幾湯武者矣夫殷周及漢視
我
聖祖時殊而迹不遠功德高下得無可措言者

歟我
成祖文皇帝廓清內難建樹長策兼隆取守之
道
皇上入承大統
中興令業赫然覲光
二祖治文化成乃若未臻其極小大臣工仰體
側席未遑至意永懷
二祖法守思精白一心以奉茂緒章
爲德而未得其指要也夫士遵憲先王孰若

近識
當代休美蓋孔子斟酌前代之禮而未忘學
周也諸士行當進之
大廷授之政期以達矣願繹陳之用觀資言
成信之獻
問昔人有言事道其常則變者猶可為也
事值其變則常者不足恃也自黃帝受
兵符有涿鹿之戰其後兵家者流各神
其說以將顯名于天下者多西北產也

元季秕亂
皇祖提劍而起掃除天下時則謀臣猛士如雲
皆臨濠鄉井所故知好者非遠百里得
之視炎劉張韓蕭多矣
成祖定鼎幽燕北控三鄙南制九區比虜寇侵
軼嚴飭防禦苗夷竊發議欲勦滅夫高
宗伐鬼方三年克之苗民逆命七旬來
格文敷威力果二徼
聖皇慎德懷遠修內攘外至諭將每每拊髀興

懷豈治安滋年武非所先邪王制登民數穀數以制國賦自井田廢賦取於民天下之賦盛於東南而蘇吳爲甚蓋自漢唐時已漕東南粟矣然稅重繇役繁興民多逋逃轉徙計部吏尅期程督祖繼無絶已時一遭水旱爲虐殆有甚焉不知堯湯年曷相胥以生乎

聖皇布德敷仁分貧賑窮惠至渥也柰之何江南民力竭矣豈有司奉行不稱

上意抑別有故乎
京師四方之極所需以軍實國用者不可一
日缺者也玆欲使賦足東南將不乏西
北以圖萬世之利其策安在
問皇風沕穆民俗齊壹五帝三王繼而君
之所以維世教淑人心亦至矣周平東
遷降而春秋戰國孔孟氏明王道以扶
人極及嬴秦兼并乃有申韓蘇張者其
邪說橫潰四出流毒天下漢興鉅儒名

相鄒欲尊二氏之言崇六藝之科而於
刑名術數以邪干正者一切擯棄不用
夫烈焰煨燼經籍晦蝕司馬遷號爲良
史乃爲四子傳贊則其說安可窮邪自
子夏發明章句嗣是諸儒雖曰承師亦
別名家講議多而同異莫辨注疏出而
正義益繫惟折衷羣言羽翼六藝者或
謂其衛道之功可以繼孟云憂世厭俗
若賈誼鼂錯史遷蘇轍言各不同子產

王吉嚴安徐防范甯輩欲尊道藝崇政
體與忠質而抑華靡意又各各異矣自
漢以下道德一風俗同不已難乎肆我
皇祖汛掃胡元甫戢戈鋋嘉尚經術振舉禮教
邁上古帝王之盛
聖皇中興
敬一傳心倫制立極爾多士被服歌咏久矣
尚有根極協一之說以振世揚休不徒
詞章法令已乎頗有聞也

問自昔攘夷安夏之主功烈侈在詩歌書之史冊赫然稱于後者莫如周宣王漢武帝以今考之周至中葉距文武之世甚遠武備既且弛矣當是時王乃一出而四征不庭所至如雷霆震驚莫敢不慴服者何其撥亂反正成中興之功若是其易也漢興六十餘年干戈相尋武畧蓋無歲弗講也迨至武帝憤匈奴驁嫚銳意擊滅命將選卒遠出塞外然虜

倏去倏來卒莫以制之何以帝高帝之
烈乘彊利之資而成功又若是難乎郎
以帝之諸將論之一時鷹揚如衛青李
廣霍去病輩其視周之方叔召虎尹吉
甫諸人殆相伯仲而難易之相反乃若
此其故何歟卒之武帝老于兵革海內
虛耗括鹽鐵算商車而猶不足以給饋
饟之費而宣王之世南征北伐無歲無
之不聞其用不足厥道何由夫論政而

不稽古猶欲辨貌而揮鑑也我將辨周
漢之所失得爾曹其嘗鑑之否也
問黃河為患隨地遷徙其間防避之法代
有規為姑勿論即如項者河決曹邑生
民昏墊殆甚有司思患預防乃有安平
鎮故事之慮而持議之臣有欲穿趙皮
寨者有欲穿孫家渡者其說孰優守土
之臣有稱便者有稱不便者其見奚異
方今力已困矣猥興莫大之役用已匱

矣重以不貲之費而其役其費于時勢又不可已茲且閩之役欲其致力而不煩何以卹之費欲其[illegible]功何以理之夫役夫衆多[illegible]涉諸州兼取則胥托資姦[illegible]久不潰財用不濫其何道以[illegible]淆亂必歸諸一安所便安所不便安可見功捷而不至乂役安可少費而成功大無厭其瀆說也

中式舉人一百三十五名

第一名唐一麐　常州府學生　詩
第二名羅濂　宣城縣學生　書
第三名顧曾唯　吳江縣學生　易
第四名徐道遠　常州府學增廣生　禮記
第五名夏時　松江府學生　春秋
第六名張弘道　含山縣學生　書
第七名孫濟　宣城縣學增廣生　詩

第八名陸象閏　長洲縣學增廣生　易

第九名張大韶　太倉州學生　詩

第十名山　禹　蘇州府學生　易

第十一名金幼芥　東流縣學生　書

第十二名徐　汶　江陰縣學生　詩

第十三名朱景賢　蘇州府學附學生　易

第十四名朱家相　松江府學附學生　詩

第十五名雷鳴春　懷寧縣學生　禮記

第十六名孫友仁　華亭縣學生　書

第十七名屠　寬　上海縣學生　詩
第十八名邵　圭潔　常熟縣學增廣生　春秋
第十九名丁　士美　淸河縣學生　易
第二十名劉　坤　安慶府學生　詩
第二十一名趙　科　句容縣學生　書
第二十二名陸　勳　常熟縣學附學生　詩
第二十三名宗　臣　興化縣學生　禮記
第二十四名章　淮　徽州府學附學生　書
第二十五名杜　詩　吳縣學生　易

第二十六名麻　値　宣城縣人監生　詩

第二十七名程應元　婺源縣學附學生　書

第二十八名俞　璉　應天府學附學生　詩

第二十九名方良曙　徽州府學附學生　春秋

第三十名徐元氣　宣城縣學生　易

第三十一名方　新　青陽縣學生　詩

第三十二名馬天鑒　江西上饒縣人監生　書

第三十三名巫　璋　廣德州人監生　易

第三十四名揭　鴻　福建歸化縣人監生　詩

第三十五名王鼎臣　長洲縣學生　禮記

第三十六名李寅賓　婺源縣學附學生　書

第三十七名葛鵬　常州府學生　詩

第三十八名周珊　應天府學生　易

第三十九名許繼登　華亭縣人監生　書

第四十名卞睢　揚州府學增廣生　詩

第四十一名錢有威　常熟縣學生　易

第四十二名王尚禮　徽州府學附學生　春秋

第四十三名查鐸　涇縣學增廣生　詩

第四十四名趙與治　江陰縣學生　書

第四十五名程大廉　長洲縣學附學生　詩

第四十六名吳迪　歙縣學附學生　書

第四十七名俞一貫　婺源縣學附學生　易

第四十八名張蘊　高淳縣學生　詩

第四十九名汪希武　徽州府學增廣生　易

第五十名殷旦　無錫縣學生　書

第五十一名張天斛　天長縣學生　詩

第五十二名陳冠　長洲縣學附學生　易

第五十三名	曹仕寧	婺源縣學增廣生	詩
第五十四名	汪春時	婺源縣學生	禮記
第五十五名	何體元	松江府學附學生	書
第五十六名	賀爵	贛榆縣學生	詩
第五十七名	甯鈳	廣德州學生	易
第五十八名	董傳策	松江府學增廣生	書
第五十九名	瞿寅	上海縣學附學生	詩
第六十名	陸冲	浙江鄞縣人監生	易
第六十一名	王都	南陵縣學生	詩

第六十二名陳謨　廣東興寧縣人監生　易

第六十三名金甌　六安州學生　書

第六十四名孫世祿　建德縣學生　易

第六十五名趙睿　涇縣學增廣生　詩

第六十六名鄒崑　吳江縣學生　易

第六十七名趙宋　興化縣學生　詩

第六十八名萬鈞　寧國府學增廣生　春秋

第六十九名翁廷儒　松江府學增廣生　詩

第七十名鮑宗沂　揚州府學增廣生　易

第七十一名吳道東　壽州學生　詩

第七十二名曹　棨　貴池縣學生　書

第七十三名謝　教　武進縣學增廣生　詩

第七十四名徐　楠　宣城縣學生　書

第七十五名江濯之　建德縣學增廣生　易

第七十六名施陽得　無錫縣學附學生　詩

第七十七名胡用賓　婺源縣學生　易

第七十八名王利賓　無錫縣學增廣生　書

第七十九名曹世龍　青浦縣學增廣生　詩

第八十名陳志道　崑山縣學增廣生　易
第八十一名李人臣　華亭縣學生　春秋
第八十二名何汝健　應天府學附學生　詩
第八十三名張慕渠　長洲縣學生　易
第八十四名王鑑　無錫縣學附學生　書
第八十五名楊有爲　松江府學附學生　詩
第八十六名梅繼勳　宣城縣學生　易
第八十七名胡應軫　吳縣學附學生　書
第八十八名蔡秉中　松江府學增廣生　詩

第八十九名王　忠　婺源縣人監生　禮記

第九十名皮　豹　應天府學生　易

第九十一名何惟懋　蒙城縣學生　詩

第九十二名葉可成　吳江縣學生　書

第九十三名檀良翰　建德縣學生　詩

第九十四名陳一德　常州府學生　易

第九十五名楊　乾　通州學生　春秋

第九十六名楊　旦　休寧縣學增廣生　詩

第九十七名徐宗奭　建德縣學生　易

第九十八名何銑　繁昌縣人監生　詩

第九十九名盛居晉　松江府學生　書

第一百名白啓常　武進縣學附學生　詩

第一百一名端　鉽　太平府學生　易

第一百二名張邦謨　溧水縣學生　春秋

第一百三名朱潤身　應天府學增廣生　詩

第一百四名吳一介　桐城縣學生　易

第一百五名衛汝爲　靖江縣學生　詩

第一百六名王一元　太倉州人監生　易

第一百七名闞恒慄　贛榆縣學生　詩

第一百八名袁　隨　通州學生　禮記

第一百九名施堯臣　青陽縣學生　詩

第一百十名張問明　蘇州府學附學生　易

第一百十一名江文武　徽州府學附學生　詩

第一百十二名游醇卿　婺源縣學附學生　書

第一百十三名屠義英　寧國縣學生　易

第一百十四名王繼孝　崑山縣學附學生　春秋

第一百十五名雷　寅　湖廣湘潭縣人監生　易

第一百十六名方懋　青陽縣學生　詩

第一百十七名宋純仁　蘇州府學生　易

第一百十八名趙世卿　涇縣人監生　詩

第一百十九名石應朝　上海縣學增廣生　易

第一百二十名呂鐸　應天府學生　詩

第一百二十一名李維德　婺源縣學附學生　書

第一百二十二名葉大鵬　南陵縣人監生　詩

第一百二十三名吳承燾　吳江縣學附學生　易

第一百二十四名李儁　鎮江府學生　禮記

第一百二十五名王　紳　淮安府學生　詩

第一百二十六名潘　麃　宿遷縣學生　易

第一百二十七名張應亮　高淳縣學增廣生　易

第一百二十八名殷　乾　吳縣學附學生　詩

第一百二十九名吳邦楨　吳江縣人監生　易

第一百三十名曹　信　望江縣學增廣生　書

第一百三十一名張思魯　青陽縣學生　詩

第一百三十二名王執禮　崑山縣學生　易

第一百三十三名王亮采　溧陽縣學生　詩

第一百二十四名張　愚　懷寧縣人監生　易

第一百二十五名吳守蒙　歙縣學生　春秋

第壹場

四書

樊遲問仁子曰愛人問知子曰知人樊遲

未達子曰舉直錯諸枉能使枉者直

顧曾唯

同考試官教諭康　批　意渾融而詞雅健

取之以冠多士

同考試官學正周　批　道仁知合一之旨

婉曲精緻獨超諸作蓋有得於性學者

考試官修撰黃　批　詞古意圓

考試官侍讀敖　批　簡健

聖人告賢者仁知之別又言其通于一也夫仁知析之各一其用而仁則無不通也知之爲用豈外此哉昔樊遲有仁之問夫子敎之曰仁之道大矣而其施莫先於愛人蓋仁者與天地合德故於人無所不愛人有不愛非所以爲仁矣又有知之問夫子教之曰知之道大矣而其務莫急於知人蓋知者與日月合明故於人無所

不知人有不知非所以爲知矣夫愛主於博而
知則有辯於人有所愛有所不愛也茲固遲之
所未達者夫子又教之曰有人焉直則舉之枉
則錯之非好其直而惡其枉乎然一舉錯之間
卽寓夫轉異爲同之機一觀感之際自敏夫矯
枉化直之行方其舉而錯也公是公非何所與
焉及其枉而直也自責自修若使之然矣此之
謂以所愛及所不愛仁亦在其中矣吁知之用
兼乎愛之理則仁之盡必由於知之至使知之

弗愛失之察察愛之弗知失之煦煦是故仁知合一聖者也夫道一而已教者教此也學者學此也自仁者見之謂之仁知者見之謂之知百姓日用而不知故致一之學鮮矣夫子告樊遲盡矣而遲尚未達也哉

文武之政布在方策其人存則其政舉

唐一麐

同考試官教諭梁　批　體裁壯麗辭理冲融是盡黜浮靡而自中矩矱者可以傳矣

同考試官教諭楊　批　語根極思布渾涵

蓋中庸文之粹者

同考試官教諭趙　批　簡健懇切得孔子

當時勗君之旨

考試官修撰黃　批　得尊周重魯意

考試官侍讀汝　批　古雅

聖人言王政以人而立望魯君之意至矣夫政至周大備世爲天下法者苟得其人又何難焉且夫子之意以爲魯之先有周公者其當文武

之王天下也以明聖之君成述作之能之綱之
紀監二代而用中贊天地之仁順風氣之宜有
典有則冠百王而獨盛禮樂文章黼黻以飾治
垂諸訓誥所以用之朝廷與邦國者可明徵者
尚秩秩如也道德風俗經緯以貞度載諸簡編
所以傳之天下與後世者其表見者尚章章如
也豈若杞宋之不足徵哉上焉者有文武之爲
君而君明矣下焉者又有文武之臣而臣良矣
精神齊壹而猷念相從禮樂可興文章可著先

王經綸之迹息於積習之久者不有作於今乎志意流通而休美並濟道德以一風俗以同先王謨烈之舊存於既衰之餘者不有光於昔乎是則政不難也所難者人耳有人斯有政而又何求哉抑周公相成王制作禮樂以成先德以保大周業故文武之政公之力多焉魯封邑也孔子魯產也持此以語其君尊周者所以重魯也況周禮在魯舍之將何適焉使得君而臣之豈復東周之思乎他日其君問政對曰君之及

此言也百姓之德也欲行周公之道何汲汲哉

賢者在位能者在職國家閒暇及是時明

其政刑

羅　瀨

同考試官教諭蕭　批　詞意精健作孟義

之極佳者錄之

同考試官學正張　批　語雅正理趣渾融

而警策之意溢於言表宜錄以式

考試官修撰黃　批　詞闡題意盡

考試官侍講敎　批　精確

國有治人而及時以講治法也夫法未嘗不善以不得其人共理之耳知所務焉則彊仁之事莫大於是孟子志於明王道以扶當世若曰仁者榮之所必至而彊仁者時之所不可後者也今夫度德定位不比戚近是憑是翼之士章章然置之左右因才授職不棄微遠有猷有爲之人斌斌然布之中外賢者用則野無遺逸而倖位者無所安矣能者使則國不空虛而妨職者

無所容矣時乎兵革不試無復境外之虞饑饉弗臻庶幾域中之治斯時可爲而不爲則詩矣乃亹亹焉乘其所可爲而亟其所當爲極深研幾洞觀治化之原善世宜民博稽經綸之迹王風遠矣規制猶存也則詳其倫要所與損益以協中達之天下而可行王迹熄矣典刑尚在也則遡其意緒所與會通以立極俟之後世而不惑蓋所以基命立國者惟日不足敢肆然玩愒自以爲安一息少暇逸哉是則彊仁者之所有

事也抑豐之六五來章慶譽既濟六四衣袽之戒其義深矣故時者聖人大用而得人圖治又時之所先也軻時諸侯去其籍周室政刑蕩然無餘是軻之所憂也七篇仁義所以嘉尚王道而欲繼治世使當時有舉其說而行之者則軻之志亦爽然釋矣

易

九四由豫大有得勿疑朋盍簪

顧絢星

同考試官教諭康　批　詞雅健而意精確
究心於易之蘊者

同考試官學正周　批　發揮本爻臣道之
善無踰此作

考試官修撰黃　批　嘉密

考試官侍讀敖　批　明瑩

聖人於豫九四嘉以致治之隆示以待賢之道
夫天下之豫致之維其人爾大臣以身任之而
誠於待賢非所以保豫乎且豫之九四以一陽

交上下之應周公繫其辭曰九四備陽剛之居大臣之位則是左右有術靖共茂弘毗之圖揆見用施設者數寧之績上焉其君之和也下焉其民之康乂也故其象爲由豫焉占如之則從心所欲道可大行所志乎爲上者止于盡吾力矣從欲以治澤可遠施所志乎爲下者止于盡吾功矣寧不大有得乎然賢才所恃相成者蔽之不用與待之不誠胥疑爾故必虛己而待之誠諭道經邦以資明也勿之有惑

焉爾委任而信之之專奮庸熙載以濟美也勿之
有貳焉爾則精神所感聖哲歸心百司庶府寧
患之才邪意氣所孚俊乂協力代理分職寧患
寡助邪蓋不召而至不期而同猶髮之盍於簪
矣不足以保其豫乎吁四之得應以一人致天
下之豫由四之陽剛以一誠萃天下之賢聖人
因占設戒以示訓則人臣不貴用一己之長可
見矣抑大臣之道以身事君其忠止乎一己以
事君其道公於天下故成王之豫由於周公

其才美非不盛也然且吐握不暇汲汲乎恐失天下之賢夫當時之賢豈有能過之者而周公之心非若此則無以成成王之治矣然則勿疑之説乃公所自效者讀其辭庸可以弗思乎

以通神明之德以類萬物之情

陸象閭

同考試官教諭康　批　本八卦自有而發之透徹精確迥出諸作

同考試官學正周　批　作者講通類二字

多失贊易本旨此篇體認精切詞尤暢達錄之

考試官修撰黃　批　精到

考試官侍讀敖　批　得旨

聖人作易有以順性命而象物宜焉夫至微者德至賾者物易卦皆順而象之聖人作易其至矣乎大傳贊先天之易以見制器尚象之原也昔者庖羲氏之王天下也仰觀俯察遠求近取蓋有得於天地陰陽之數而八卦作矣夫陰陽蘊而為德也主宰羣生而生生者未嘗顯樞紐

萬化而化化者[illegible][illegible]呈是之謂神明之德至[illegible]
者也八卦成則畫顯至簡立象可以盡意剛雖
無文有器可以顯道如健順動止之性一理渾
涵所不可見者也爲德不同同于陰陽之精爾
聖人原此以作易彌綸無外不亦鈎深而索隱
乎陰陽凝而爲物也絪緼化醇盡性情形體之
變各正保合極見象形器之全是之謂萬物之
情至順者也八卦成則法象陳焉而羣動以彰
奇偶列焉而庶類以明如雷風山澤之象物物

各具所不可窮者也爲情不同同于陰陽之迹
爾聖人原此以作易擬議不違不亦統同而辨
異乎是則神明之德非淪於無也一散之爲萬
也萬物之情非滯於有也萬原之於一也齊內
外合隱顯易所以神也制器尚象取於此足矣
抑易具於吾心先天者也蓍之爲圖象顯之爲
制作縱橫錯綜無適不合善學易者求之未有
畫之先若旣畫之餘皆易之迹也夫天地聖人
一而已有伏羲而後有文王有周公孔子者四

聖之學相禪不窮所以立心極也以言乎天地
之間則備矣

書

惟天聰明惟聖時憲

羅濂

同考試官教諭黃　批　旨明辭達傑作也
錄之以式多士

同考試官學正張　批　說天聰明與憲天
盡之矣經學之邃者

考試官修撰黃　批　得說告君意

考試官侍讀鼓　批　典雅

大臣原天爲聖所當法責難之意至矣夫理盡於天而聖則理之盡者天也聖也一而已矣傅說進高宗之意謂夫人君其尊如天非與之以安也聰明憲天君之道係矣今夫天冲穆之氣廣運而不息居雖高而聽則卑矣虛靈之精周流而有常迹雖遠而視則近矣非有心以聽也而聽之理具於無聲故宰制萬物各得其宜聞

所聞有聞人所不及聞言聽者莫之能違也有心以視也而視之理隱於無形故役使舉動自足其分見所見有見人所不及見言明者莫之有加也夫天確然示人易矣君所以承天致之臣民者也湛一之體與天而同神中正之用與天而合化聽於無聲而吾心有眞聽焉不役役以爲聽萬里之遠幽隱且畢達矣視於無形吾心有眞視焉不察察以爲明九州之廣纖且畢照矣蓋有我之所偏聽自以爲是矣摻

之於天不相似則擴其所聞以及其所不聞耳極其聰謀可作也不有以成天下之務乎有我之所獨見自以爲可矣質之於理有未當則大其所見以及其所不見目極其明哲可作也不有以通天下之故乎是則天位乎上聖人成能其中君道盡臣民有不欽若從乂乎抑皐陶矢謨於舜乃曰天聰明自我民聰明蓋天人尹民之理相爲流通者也天立君君奉天無非民者是故人主耳目之用大矣哉達之言動愛憎與

禮命討皆天也蓋天聰明豈能外民耳目哉有
純天之德者乃有憲天之政有格天之治人君
可以監哉

三后協心同底于道道洽政治

張弘道

同考試官教諭黃　批　闡題旨以政與道
原於心蓋逈出時作者宜錄之

同考試官學正張　批　三后同心致治正
如此此作能發之

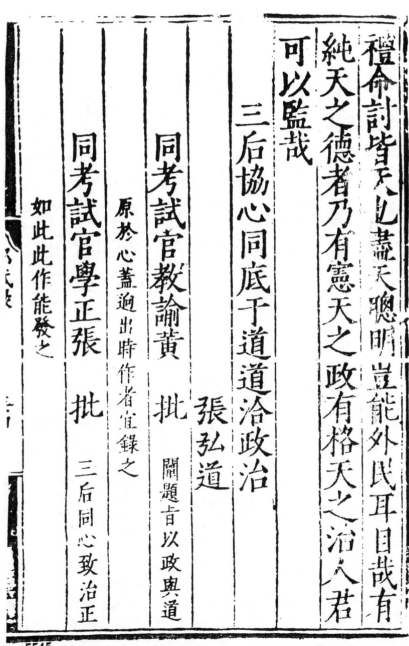

考試官修撰黃　批　雄渾

考試官侍讀敖　批　格古

大臣相繼而化殷心同而治亦同也夫治本於道道本於心三后之治所以不可及者非以此歟康王冊命畢公保釐東郊之意謂夫昔我先王以殷迪屢不靜惟時遷居洛者命周公嘗撫而輯之矣君陳繼之公又繼之矣茲三后者念天命之靡諶憂王業之艱難欲殷人悳心有孚以綏定我家節性其邁以允升大猷培植根

保大治安則前人之心未始必同於公而公之
心亦可以質之不悖故道也者所繇適於治之
路以貞志章教者也苟可以毖殷不倦于勤思
慮深幾微著鼓舞盡神而行之充然有得者寔
惟同歸于道焉爾政也者所損益於道之中以
布法軌物者也苟可以宜人不狥於俗樞機密
品式具化裁盡利而行之秩然各當者寔惟同
歸于治焉爾道之所孚不易民而化政之所施
必積久而興作於前者謂之俟我公不惑可也

成於今者謂之考前聖不謬可也是則一殷人爾漸漬於三紀更治於三后猶未敢以爲安茲東郊保釐豈非微哉抑殷之七王德澤汪濊而賢人相與翊輔及周之興故殷人思之不置使時無周公躬躬如畏然殆哉至康王時安土樂俗可以觀世矣三后協心同道尊主庇民理有固然者以此豈非公公得不少慰乎所以既心愼事欽成烈休前政將何難焉周之德至哉殷之德抑可少哉

詩

吉甫燕喜既多受祉來歸自鎬我行永久飲御諸友炰鱉膾鯉侯誰在矣張仲孝友

唐一夔

同考試官教諭梁 批 是題作者類非本旨此獨能闡掇要領蓋邃心於經學者

同考試官教諭楊 批 詞雅氣象閎綽末復歸重孝友卓哉見乎

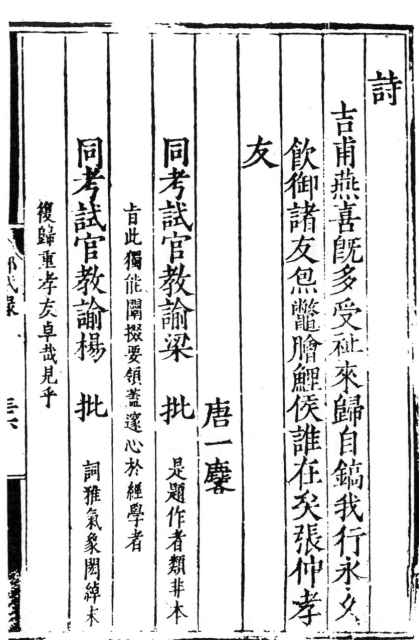

同考試官教諭趙　批　格高意古詞麗氣

昌宜錄以式

考試官修撰黃　批　婉而文

考試官侍讀敖　批　疏暢

詩人述大將燕功慶之深而優之至焉蓋功成
而燕慶莫大矣而又尚賢以崇德則優之也何
至哉此詩人所爲美吉甫也意謂大臣謀國能
之危者則安能祛主之憂者則樂能除天
者則受福吉甫戰勝而策勳休兵而飲

至嚴翼共武王師有萬全之慶薄伐奏績中國
有常勝之尊其登之筵也能無喜乎功在邊鄙
天子大一統以爲治策在安攘四方恃一人以
無恐其受之祉也不既多乎王國未定其如家
何庶其來也則歸自鎬爾王心未寧其如身何
我之行也若永且久爾于是飲御之以諸友以
燕樂也炰鼈膾鯉嘉其會而成其享矣獻酬之
以張仲以孝友也升降揖讓煥其文而稱其情
矣夫燕飲於休兵之餘而歸重於孝友之德亦

曰唯孝也可以廣忠唯友也可以廣讓吉甫今日之功其亦有所本乎吁崇德尚功可以觀宣王中興之盛矣考之幽厲之世其間相距不百年而近乃若二子獨不見用於其時何哉是故君子觀榮公石父之用則知幽厲之將亡觀張仲吉甫之出則知宣王之將興雖然千畝喪師大原料民夫二人者豈見幾而作乎於幽厲又何尤焉

周王壽考遐不作人

孫濬

同考試官教諭梁　批　辭雅理邃且咏嘆
聖化而音節嘹喨可式

同考試官教諭楊　批　敘壽考作人意如
當日見之

同考試官教諭趙　批　渾厚豐腴得詩人
之旨

考試官修撰黃　批　明瑩

考試官侍讀敖　批　簡當

聖君久於其位而化足以興也夫德積久而後化孰謂壽考如文而民不興起者乎宜詩人歌咏之也意謂君子之德潤諸身徵諸庶民是故積之不深則其得必不固導之不久則其化必易𢿱惟我文王帝懷其德以王業之未固也則假之年以篤積累之祜以民行之未興也則昌其運以垂敷錫之休緝熙以敬其始者即剛健不息之幾也純一以要其終者即於穆不已之心也故自其一人言之足以裕壽命之源自其

一國言之得以盡鼓舞之神機動而作者越焉豪傑出於凡民也徵諸在廷濟濟乎思皇之士矣神感而觀者應焉譽髦選於有造也徵諸在野藹藹乎王之吉人矣所謂遐不作人者有其德有其壽而又有其位斯可矣此文王所以配天也歟雖然德可為也壽與位不可為也是故顏之天孔孟不能易春秋戰國若文王者可謂備道而值其全矣況作之者王季述之者武王當是時斯人之幸何如也故曰無憂者其唯文

王乎

春秋

冬鄭公孫夏帥師伐陳　襄公二十有五年

叔孫豹會晉趙武楚公子圍齊國弱宋向戌衛齊惡陳公子招蔡公孫歸生鄭罕虎許人曹人于虢　昭公元年

叔孫州仇帥師墮郈　季孫斯仲孫何忌帥師墮費　與定公十有二年

夏時

同考試官學正李　批　仲尼子產[illegible]

李[illegible]之言俱[illegible]成文詞氣精確殊過他作可為治經者式

考試官修撰黃　批　[illegible]賢用處

考試官侍讀敖　批　禮[illegible]為國此亦可見

聖賢於內外之强皆抑之以禮觀此子產用鄭
仲尼用魯知禮之可以為國也鄭自五霸之後
晉楚惡而伐之無歲寧矣使時無其人則大國
日討將能禦乎幸而子產用子皮實授以政焉

以爲晉楚無常惟禮可以當之乃詞命是脩應對無失陳之伐也遣獻俘于盟主而晉不能詰虢之會也卻逆女之公子而楚不敢圖蓋自是憑淩之患微求之煩皆獲免矣噫諸侯之强莫晉楚若也犧牲玉帛鄭方未知所息肩矣而僑能折之於片言之頃非賢而能之乎詩曰樂只君子邦家之基其子産之謂哉魯自三桓以來季叔擅而專之爲日久矣使國無其人則公室日卑將能振乎幸而仲尼用桓子實舉以

以爲三家專國惟禮可以已之乃陳以古制
之成典以侯犯之舍甲也行乎叔孫而郈隳焉
以公山之揚戈也行乎季孫而費隳焉自是
城池之固甲兵之藏無復有矣噫大夫之强莫
李叔若也上地人民魯方憂其不屬公矣而仲
尼能感之以朞月之政非聖人而能若是乎傳
曰君子所過者化其夫子之謂哉抑僑之爲政
於鄭外當强國內剪强家而鄭卒能自立者得
盡其謀也仲尼之聖乃不能隳成何哉蓋得政

未專相事攝而女樂餽魯君之志荒矣孔子欲
行其道得乎嗚呼於此見聖賢有益人國而任
使之間豈其微哉

秋晉荀吳帥師伐鮮虞 昭公十有五年

邵圭潔

同考試官學正李 批 作者類多虛詞獨
此行左氏傳爲詳能說荀吳當時用師意宜錄
之

考試官修撰黃 批 嚴而正

考試官侍讀敖　批　能融會傳意

霸臣用兵幾於道春秋所以無貶焉此荀吳圍鼓之兵近正而遠姦於道幾矣春秋恕之也固宜昔荀吳再伐鮮虞而春秋書其名氏得免於貶者何蓋不以鮮虞之伐爲無罪而以圍鼓之兵爲有制耳夫兵莫大於得正也三代之兵不可尚已若荀吳圍鼓旣久也請以城降而不受且令備之當時有以取城諫者而吳弗聽豈無見耶蓋守國以民使知方君子將以愛其上也

鼓未屈而降弗知義所矣苟遂取之寧不賈怠
邪是故不受其降愧二心也令其繕守知所務
也邑可無取民不可使懷貳示之鼓所以教國
人也逮其食竭力盡而後取之吳之事君不為
降乎兵莫大於弭姦也王者之師不可見已若
吳加兵圍鼓也有以城叛而不許且令殺之當
時有以擭城說者而吳弗從又豈無見邪蓋保
國以城下納叛君子將以嚴其分也鼓欲以城
叛吳乃亂臣矣苟遂納之寧不廢義邪是故始

爲弗許惡不正也繼焉必殺厲無節也城可無獲亂不可使有階禍之鼓所以防天下也使其欲城邇姦而苟受焉吳於大分不爲賊乎是則以正加敵非貪忿之兵矣不納叛臣非逋逃之主矣大夫皆若而人則亂賊之禍熄春秋特免其貶宜哉抑鮮虞無罪也徒以地鄰勢逼晉懷啟疆之心無故而再加之兵荀吳諫止又從而順之何邪蓋弗悖於鼓者乃其初心耳而苟徇於君者則固有所怵而忘其非矣春秋不没人

善本忠恕也讀者當自得之

禮記

是故治世之音安以樂其政和

徐道遠

同考試官教諭黃　批　治世之音本諸心

政言之清[illegible]

考試官修撰黃　批　得旨

考試官侍讀敖　批　典雅

盛世之音所由和見感人之政所當慎也夫音

生於心而通於政者也政和而音有不和哉記者以爲政與音不殊心而得聞其音則知其政矣蓋嘗觀諸太平之世其民熙熙爾其俗渾渾爾應感起物本之情性而聲之爲咏者其至和動盪不窮乎釆詩觀風由之義理而比之爲音者其太和流行不息乎文以五聲優柔平中其在朝廷者猶鄉國也盈耳何洋洋哉諧以八音欣喜歡愛其在臣民者猶王公也和聲何翕如哉此皆治世之音若於政無與焉不知上之爲

政也緣人情以飭治規制立焉而動罔不順稽天德以行道府事敘焉而民莫不宜德和於上民和於下湛恩汪濊被服乎人物之庶矣治同於朝俗同於野至仁浹洽充塞乎天地之間矣治世之音豈無自哉故曰先王慎所以感之者抑舜時德惟善政政在養民故九功敘五聲和八風平節有度守有序聖德之弘也見舞招箾者曰德至哉大矣厥後二南作而風正矣雅頌作而音和矣風雅變而世可知矣夫子之言其

思周之盛乎爲政者可以監哉

君子力此二者以南面而立夫是以天下

大平也諸侯朝萬物服體而百官莫敢

不承事矣

雷鳴春

同考試官教諭黄　批　禮樂致太平之盛

此作發得盡可以興矣

考試官修撰黄　批　詞確

考試官侍讀敖　批　簡明

君子體道以御世而化行於天下焉夫禮樂之
道大矣君子本諸身而達之天下寧有不化乎
夫子告子張之意若曰致天下之治禮樂而已
矣致禮樂之道言行而已矣是故君子知禮不
徒言用壯之勇而率履不越天下之至序在我
矣知樂不徒行法乾之健而敦行不怠天下之
至和在我矣由是嚮離明之位垂衣裳之治中
正以爲觀而大順達焉和平以爲感而大化孚
焉蓋至治成於無爲太平將於有象以言乎諸

侯燕屏于一人者也一德咸有莫敢不來享莫敢不來王而化行乎諸侯矣以言乎萬物綱紀于一人者也百度維貞大積而不死細行而不失而化行乎萬物矣以言乎百官承弼于一人者也大小有位罔不用命夙夜匪懈莫不允諧而化行乎百官矣凡此皆禮樂之道徵於天下有如此者何其大哉抑此豈易言哉非達性命之原通天人之故而能制禮作樂者鮮矣故治定功成必世乃興觀之文武成康之世而周公

所制作者具在周禮猶足以致太平君子與舉而措之禮樂不有興乎

第貳場

論

君子莫大乎與人爲善

夏時

同考試官學正李　批　閱論多矣此作氣格高古議論特邁上可娩美諸大家不圖舉業中乃有此等文字胸次學識可知已三復之

然爲歛雅

考試官修撰黃　批　古健

考試官侍讀敖　批　聖人成已成物所以爲大此論發揮殆盡而詞意古雅是善於作者

聖人協人已以成其仁仁斯大矣夫仁與天地萬物同體無非已者無已則盡人矣以已盡性不私於人以人性盡不殊於已人有善因其所以來擇其所以至舍而從之使自悅之繹而措之使自勸之漸漬同風翔洽遐邇德博而化不

爲而成聖人之仁將何加焉今夫天一其德而神其運高其位而下其施藏其形而見其光宰制萬物各正性命跂行喙息蠕動芽萌莫不榮滋嘉卽以生以成化轉而嬗天之仁大哉是天之命也性之善也感物而動性之欲也欲則有我矣夫耳目官不易司舉奉其身一有所好不還爲用言我者肝膽楚越也況人乎人於人或失則隘或失則泰隘則尚己泰則卑人之二者交持於中虛美薰心愛憎繆盭人所是者己之

所棄也已所欲者已之所取也去仁遠矣故天
之所以大與聖人者以與夫人也聖同天者也
天下之物無得以累之故本之以謙天下之物
無得以外之故含之以虛天下之物無得以窒
之故通之以明天下之物無得以私之故持之
以公天下猶我故與天下同其欲已猶萬物故
與萬物同其心苟有一夫不歸於善則亦吾仁
未至焉爾必使天下翕然大順底於同仁則聖
人仁天下之心始遂矣大哉堯之為君德配天

矣而舜之重華乃與之協則舜之善無復上矣
時則諸人之善又何取焉而舜之心乃忘己者
也取人之善忘人者也風動四方人皆去其故
悅乎新致行己以悅其上矣何其神哉觀之克
諧以孝其家之人烝烝然自乂亦允若矣觀之
田歷山歷山之人皆讓畔漁雷澤雷澤上人皆
讓居陶河濱作什器於壽丘就時於負夏器不
苦窳所聚成都潛達則文明矣觀之歷試諸難
五典從矣百揆敘矣四門穆穆矣觀之浴二十

有二人以亮天工而在官師師皆揖讓矣觀之元愷十六族者世濟其美則使之布五教於四方而元愷內平外成不隕其名矣謙則下濟虛則大受明則協一公則成物窮則善其身非獨也顯則章其道非比也側陋而敦仁非抑也陟庸而大行非加也舜仁天下之心何其大哉而或有不能盡知其心者乃若四族者世憂之遷之四裔有三苗焉分北之有幽明焉三考絀陟則舜於此亦不能與之善而聖人之仁窮矣夫

聖世不能無斯人猶陰陽宵晝然聖人之心不敢一日忘之忍棄之者彼庶頑讒說欲並生哉何若是急乎天有所短聖有所否職有所必至勢有所不能故善者與仁也不善者不與亦仁也有憯怛之愛有忠利之教天體物不遺聖體人而曲成仁覆天下皆所以成天之大也夫由喜聞過所以救失也無與於告者禹拜善言所以長善也無與於言者非所以齊人已平物我而成天下之仁然繇之以幾夫舜不難矣舜不

可及也禹一饋十起拜皐陶昌言所以通治
而來諫諍子路勇於義無窮令名以師百世後
人過不聞善言不至喜則過不貳矣拜則善能
行矣禹子路抑豈小哉

表

擬平胡回
鑾羣臣賀表 永樂十二年

徐道遠

同考試官教諭黄　批　典而覺有金石聲

敷颺我

成祖神功尤為詳悉蓋表學之冠者宜錄之

考試官修撰黃 批 純雅切實

考試官侍讀敖 批 典則

永樂十二年八月初一日具官臣某等伏

覩前月

詔書已於六月七日大破虜衆于殺胡鎮者

臣等誠懽誠忭稽首頓首伏以

王者大一統合華夷尊主而配天

聖人制五兵用征伐安民而馭世故戡外所以
寧内而耀武非以明威傳捷寇平旋師
蹕振千載冠百王之盛四方荷
萬福之同瀚海澄清臣民懽忭竊惟胡虜爲
患今古如斯自前王不屬爲人而彼醜亦
稱驕子入爲起穢之物汙我中原散爲犯
畢之妖孛于躔次
高皇帝祗膺
天命爰舉義兵廓氛沴于河南驅單于于漠北

時以
洪基肇造
大化初孚頓神旅以言旋龔鬼方而弗顧詎
意鸜音難變豕性莫馴越狐嶺以長驅狂
發射天之矢闖鴈門而荐食信爭投地之
腥方內不毛野中横骨此
天厭人怒之時而報怨復讎之會也恭惟
皇帝陛下
震宮育德

離照繼明鼎定幽燕順三靈而改卜

材兼文武張九伐以應閭故西服僰羌南平

勁越卭僰上章而願內屬朝鮮稽首而稱

東藩獨爾兇渠自干翦滅選徒練甲從

萬乘以遐征汗馬塵輪當六月而深入鼓角

褫將亡之胡魄風雷助大壯之軍聲飈脫

兎奔拂廬鼎潰猶復彎弓三峽犄角六師

上乃擐甲先登

親督釆薇之卒分兵合擊遂成破竹之形舞干

無待于七旬斬馘盡數以萬計俘其人而
歸漢名其地曰殺胡行遠塞窮北斗回南
瞻之目人知天順全軍蔑遺矢之虞昔漢
討匈奴得何償失周征玁狁兵未出疆觀
今日之膚功信文王之大勇是用書勞
太廟勒頌等崖垂
鴻號于萬年貽
燕謀于百世臣等伏覩
六龍回軫七校奏歌雜拜當

市識
天顏之有喜舉手加額祝
聖筭以無疆伏願
崇禮樂敦詩書暫罷元戎之講
戢干戈櫜弓矢永思
懿德之求臣等無任瞻
天仰
聖懽躍屏營之至謹奉
表稱

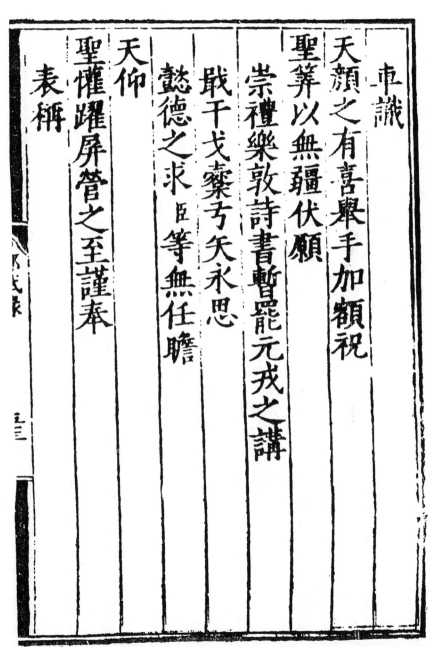

賀以

聞

第叁場

策五道

第一問

顧曾唯

同考試官教諭康　批　述時勢人心以見

我

二祖創定之難篇末所陳歷歷可行

皇上保治之道見矣忠悃可嘉

同考試官學正周　批　我

二祖取守洪謨

皇上中興威烈鋪張揚厲無遺予能識其大者

考試官修撰黃　批　有天下者觀之時勢人

心自三代時已然而三德並用我

二祖創守

皇上中興率此道耳

光纘之盛諸士不能殫述惟此詮次休美獨詳旨哉言乎謹書

以

獻

考試官侍讀敎　批　取守一道我

二祖神謨聖略臣子未易揄揚此策獨能推原所以爲萬世計者

在於時勢人心焉爾未復歸重

條大闡安之道亦不外茲忠愛之意溢於詞表佳士也

帝王之有天下也得天下之時而後事可
正也得天下之勢而後時可因也得天下
之人心而後勢可振也三者備矣是故以

取天下則無競之烈建以守天下則不拔
之基固此我
太祖高皇帝
聖德神功配天地以無極
鴻謨駿業超今古而獨盛夫觀韶舞而識舜
者託箾籥之遺音也觀河流而思禹者感
疏鑿之遐迹也矧近被豐芑之深澤浹育
棫樸之茂化而不能誦揚
帝造推本王業其何以塞執事之問請敬陳之

夫自德運衰而五帝之號章禪授息而三王之功著受命之君若湯武非聖人而能之乎然順天應人雖稱於易而逆取順守後世不能無異論者豈非帝王之得天下能備其道而値其全者難邪三代而後雖有漢氏其事固可類推然自生民以來孰有如我

聖祖之獨盛者夫得天下之道莫大於時莫重於勢莫要於人心是故時者裁於義也不

協天下之義不可與赴時勢者握於智也不集天下之智不可與規勢人心者歸順於仁也不廣厚天下之仁不可以合衆異之人心然或時協矣而義之所裁不能以曲至勢握矣而智之所用不能以周施人心合矣而仁之所流被不能以徧物若是者豈非聖人之難邪惟我

聖祖則所謂備道而獨值其全者歷選百王未有能竝其盛請推湯武及漢比論之可乎

是故以時言之夏之有天下也傳世四百
餘年矣中間賢聖之君幾作至於桀而後
亂殷之有天下也傳世六百餘年矣中間
賢聖之君又幾作至於紂而後亂夫三代
先王其德澤入民也深而民之安之也久
湯武雖集天命人心之歸然其先固夏殷
建國也一旦以二失道之君而遷其數百
年宗社此湯武不能無諱於志也故南巢
既放猶懷升陑之慙牧野方誓卽勤扣馬

之諫則三代而後得國如漢宜其獨稱正
矣蓋秦起西戎霸中國當其虎狼之暴十
數世漢出而代之其時已過湯武惟我
聖祖誕膺
天命肇造方夏其時之所值又有非漢所及者
蓋秦雖無道其先猶有大功德及於民豈
若元以夷狄據中國左衽牧斯民殄我冠
裳人道為之幾絕壞我彝倫天理為之寖
熄所謂古今未有之大變焉者我

聖祖於是陳常時夏揭三極於旣淪肇立人紀
張九法於欲絶故檄諭中原八方之義聲
先動
詔示卽位四海之謳歌已歸其視慰民雲霓
之望而拯之乎水火之中功施大小豈可
同年語哉所謂得天下之時事舉而義協
其至者此乎以勢言之湯之正夏自葛而
徂毘吾得諸侯之歸者三千故十一征無
敵而有娀氏之墟始入矣武王之伐殷九

年而觀兵孟津得諸侯之歸者八百故四
方之兵咸會而商郊之白旄始麾矣乃若
漢氏經營百戰之間所籍資於羣雄因業
於亡秦者尤衆泜水之覆垓下之圍豈必
皆高帝謀乎惟我
聖祖興迹濠泗料兵滁和取太平入集慶得天
下形勢之地而定業焉由是西拔勁漢而
龍灣之奔康郎之捷遏亂略於方熾敵不
知其所攻東殪強吳而長興之據葑門之

擣折凶謀於旣奪敵不知其所守自此而江淮通道國足糗粻之峙閩越歸命士奮技擊之精故北指大河而瀍洛靈聚不能支其有右扼潼關而殽陝全力不能拒其固中自大都而冀寧洛莫之綦布不能悉其衆所謂得天下之勢智周而謀無不中者此乎以人心言之殷自玄鳥降契宅中土者數十世至湯而布德施仁民之相戴也舊矣周自豳岐積其仁德至武王修文

王之政載木主而東四方從之者若崩角
矣漢興雖無殷周舊業然當秦魚爛河決
之極天下苦於無君所謂勞民之易爲仁
也故沛公稍除苛法定三章之約秦父兄
已相率不能忘於漢矣惟我
聖祖提劍孫起既不階商周之先遺而戡定之
難乃有什伯於漢氏者是故腥羶作汗孰
與夏學之惛滛犬羊改俗孰若殷墟之頑
戾失職之民所至成亂則關西鉏棘之夫

山東戍爾之徒不足以喻其衆焉故我
聖祖方起則徇定遠之民而推以腹心之託降
國用之衆而處以宿衛之親將鉞所授誅
掠必戒天兵所過市肆無易至夫招納賢
智雖怨敵而必收褒獎忠良在勝國而不
遺歲災方告租賦并蠲農耕欲勸牢牛先
給故中州仰吊伐之師率土興壺漿之願
悍卒危民不假防捡而志一名城大邑無
恃形險而守固所謂得天下之人心仁洽

而衆無不附者此乎蓋
聖祖之得天下其始也取之於至難故凡時之
變也勢之異也人心之數動也有以深原
其利害無常之端其終也成之於不易集
故凡時之會也勢之比也人心之弗失也
遂能卒定其離合相保之計此所以芟刈
羣雄復帝王自有之幅員混一六合成古
今無配之功德而湯武及漢有不得順其
下風也猗歟盛哉然敬承繼道必得賢聖

之才而主器不剛雖
皇祖不能忘情
社稷天啓有道俾綏再造之家邦我
成祖文皇帝自燕冀入靖內難其得天下之時
卽
太祖之時矣故改命定鼎宣威漠北所以强天
下之勢也反政由舊加惠方內所以安天
下之人心也至其立經陳紀建長策於無
窮備邊養民固大業於有永歷世無以踰

其則矣明作有功必賴精明之治而正德
中孽煽權奸雖匹夫亦爲之飲恨切齒天
祐下民欲隆
中興之統業我
皇上自江漢入紹
大統其得天下之時又即
二祖之時矣故繼奸削濫政刑上出所以振天
下漸弊之勢也廣孝興禮恩德旁流所以
合天下欲解之人心也至夫敬

天勤民協休祉於上下重祀恤戎飭治理於中
外窮年不能誦其美矣執事乃以奉茂緒
章
鴻德下詢承學膚敢不究其愚夫時者難會
而易失者忠智之士所終始爲兢也今
聖人作而在位明宰執百司輔理承化
二祖所經營大業未有秋毫之隳缺也此其大
有爲之時豈非大小臣工遭逢之至難乎
精白一心以求指要固不越乎勢與人心

加之意而已以今日之勢言之含生布齒
咸囿尊親航濤索引悉内貢圖六卿之師
上籍於司馬而下不得擅尺兵一卒之用
九州之賦内制於掌計而外不得私尺土
一民之力小大相維之體可以行之久遠
無弊矣然而民苦箠撻而約束或怠吏多
酷汙而黜罰罔究大虜稍侵則三邊六鎮
兵有所不振大役一舉則百司庶府財有
所不充此其制勢之失庸非當事者均節

審量之未至耶是故虛則實之勞則息之危則固之廢則飭之譬治身者之慎宣攝使榮衛腠理皆得元氣之周流也治家者之重防守使戶庭衙鑰皆由主令之督戢也如是則體足以相臨而分足以相制勢何患其不舉乎以人心言之內疆九墅貢籠一心外及百蠻譯獻同志馳咫尺之符則親上死長之人不招而自集傳驛置之命則畢力赴義之衆無約而並至德澤淪

浹之久足以使之固結不解矣然而饑寒
相迫怨嗟罔恤凶灾所被流逋莫省撫綏
旣失則以畿輔之近而奸宄莫制其命控
御無法則以邊鎮之重而士卒或悅於從
亂此其拂人心之實庸非長民者勞來撫
字之未周邪是故除其所害興其所利審
其所欲違其所惡譬慈父之於子飲食寒
煖無弗謹其節也農夫之於稼耘芟乾溢
無弗勤其治也則治之而爭奪息導之而

生養遂人心何患其不得乎雖然此特略
而論之耳夫勢者可以智合而不可以刑
求人心者可以仁感而不可以威服此自
古取天下而守之長久之術施於後世由
此道也是故智以握勢則知重亟反人心
可維之以固仁以感人心則本固邦寧勢
可因之以益振二者要相為成也夫修內
以攘外治國中以及天下智仁之道不失
而勢與人心豈復有遺慮者乎草茅賤士

所不敢以肆言者執事幸推其愚謹對

第二問

羅滌

同考試官教諭黃　批　選將治賦場中罕能言之此作識見卓越謀猷深遠其經世之才乎

同考試官學正張　批　安攘之計莫有要於兵於食者是作獨能酌輕重之勢審緩急之幾以爲康濟之猷其殆先天下之憂而憂者與

考試官修撰黃　批　備將積貯治安所先乎
能仰稽
皇祖兵食彊足數繹成文可行今日者用世之志見矣是錄之
考試官侍讀敖　批　今日急務兵食而已予
獨能思將憂民可謂知所先矣殆究心經
國遠猷者乎
天下有大勢焉順之則昌天下有大幾焉
審之則豫勢之所在所不可易者也外之
不能以獨立幾之所在所不可違者也舍

之不可與圖存因其不可易輕重生焉其不可違緩急見焉達此則操切有道應用不匱協諸義而當其可矣蓄將積貯復何難焉夫自軒轅帝天下上世受玄女兵符與炎帝戰於阪泉令應龍攻蚩尤戰於涿鹿其後列國遞相攻伐兵家者流如呂望孫吳司馬穰苴尉繚子李靖黃石公皆能神其說以制兵列陳其他以善將顯名于天下傳至百千年者多西北產也元季

秕亂羣雄鼎沸我
皇祖提劍臨濠一時豪傑勃起聲應景從相與
效謀程勇戮力宣忠克南服取中原殲元
憝扶天威匡八極奠九夷摧陷廓清之功
[illegible]揭前古永貽昌祚如徐武寧常忠武湯
武襄沐忠敬輩王號
廟食與國咸休
皇祖有言吾以布衣起兵所共事者皆鄉里所
居相近遠者不過百里君臣相遇遂成大

功甚非偶然夫同里閈疆邑鋤耰錢鎛之
夫皆赳赳干城腹心當是時元失其馭草
菅勝穀邪枉勝直暴虐殘賊敗法瀆刑上
下不覺故仁義之師一鼓而攻之所向無
敵故曰大明發而萬物皆照大義發而萬
物皆利大兵發而萬物皆服
真主之佐殆天所授非偶合也炎劉起豐沛張
良圯上受韜略韓信軍中用法苴武其
破秦滅楚安能如

聖祖順天應人復帝王所自有中國乎

神京北鞏控三邊南制四海

聖皇中興愼德懷夷修內攘外軫念邊防愼簡

將領每每拊髀興懷賢公卿皇皇然仰體

宸謀博採熊羆武勇之士不可必得視

明興佐

命諸臣取諸鄉足矣何其難哉夫殷高宗編髮

來朝者六國惟鬼方遠在荆楚撻彼殷武

伐三年克之禹征有苗三旬逆命舜舞干

羽于兩階有苗之至適當其時夫苗格於
舜之文德鬼方憊於高宗之威力文與武
若是遠哉蓋舜文德誕敷非以苗也高宗
旣濟用剛遠威暴亂易之示戒小人勿用
使非有恭默思道之心其不貪兵殘民者
幾希文武一道寧內戡外所貴者用惟其
時爾令蠢玆夷虜頻歲侵軼如隆慶遼陽
往事可見巳獸聚鳥散我將士猝然而應
兵機方略漫不加省因循歲月覬覦遷敘

御之既非其道帥之又不以氣戎功玩愒
邊疆將何恃哉故邇者罷交趾之征斥河
套之復重夷苗之兵絕通貢之請不欲勤
兵於遠非所以慎用武惜民力阜民財乎
周制九賦九式廩人倉人皆所以斂財賄
節財用辨九穀名物者也故稅民什一所
以藏富於人不盡利以益上自宣公稅畝
商鞅廢井田頌聲熄而碩鼠興漢唐以下
皆取諸民亦漕之東南粟石六百餘萬矣

我
皇祖稽古定制以天下之墾田定天下之財賦
等其地利期其輸納用奉常陳眛奏司民
司錄獻民數穀數者
郊則陳之圜丘禮成藏之
内府所以保黎氓重
國計也何其至哉天下之賦盛於東南而蘇
吳爲甚如蘇之田額半於淮揚而賦之入
則什倍之畿輔八郡田等於松江而賦之

入計之不加多然吳人患也久矣時僞吳
伏誅其將帥叛臣亦從殲滅田皆沒於官
斯稅所由重也豪家湮沒良田存爲己業
轉將瘠薄詭爲官稅甚至詭曰水坍沙壓
田去稅存靡潎夷民斯稅所由攤也田不
可限又不能均貧富綿邈何啻霄淵富人
侵陵分田契假繇役繁興十室九虛一遇
水旱則貧者阽危亡逃計部檢課吏相繼
程途無絶巳時郡邑慕效承望頃刻十倍

尺布之逋曲以當疋百錢餘稅增而爲千
竭澤而漁反裘而薪如之何可繼而無敝
也是故王制有九年之積而無不足之國
堯之時非不洪水也然咨岳俾乂殛鯀興
禹行山表木疏決滔陸湯之時非不極旱
也然身嬰白茅自責六事易農祀棄發金
鑄幣天灾流行國家代有堯湯所以轉災
者至矣比年水旱
皇上修德致和與天地合德與堯湯同仁省刑

減租發倉賑貧

聖恩汪濊有司能致之於民使吾民得沾以為惠乎惠不沾賦不可省矣官稅額重攤稅額虛存其虛額使吾民受實禍視古之什之稅一不亦過哉積之累歲盡棄其產以益取盈亦不足耳不亡何待減額其可行乎然江南巨姓富人田多飛射影走百為之計歲運猶舉而兼折抵負苟圖幸免習已成俗官多轉從吏緣絕為奸今惟致期

邑令徵輸以時第其豐約以次責償其貧
乏者闢之監司監司轉闢之
天子一切蠲免損上益下其道大光師帥不賢
則恩澤不降疏名屏風以擬廢置增秩賜
金以章顯績使得行其志而久其治功夫
經國有人天不能灾地不能貧人不能困
何憂食不足乎論將之道在御之而已御
得其道無不可者簡閱嚴而勇怯別賞罰
信而勸懲行略其細過雖謗書盈篋不損

也專其節制雖賜之鈇鉞不多也今之為
将者虜至以兵寡不敢抗敵以無詔不敢
出師賊既縱掠而歸此乃陳勳告捷上有
破敵斬首上功幕府一言不合其賞不行
乃有衣輕乘肥俠遊都市使其家之人持
金案上遂得拜捷司馬挂名拱衛是何理
哉適者建議之臣乃欲禮官申大閱之義
請
上歲仲冬一舉所以選車徒而觀軍實示德威

而嚴師律蓋治天下有風道焉村官猛士
望之則精神鼓舞忠勇激發使之摧堅伏
銳上不制於天下不制於地中不制於人
何憂將不足哉邊陲寧謐高拱西北以漕
東南之粟猶泰山而四維之也權輕重之
勢審緩急之幾惟吾
君加之意焉
國家億萬年無疆之休在斯矣

第三問

唐　賡

同考試官教諭梁　批　崇經術以淑人心

治所先者是作陳述百家辨析精嚴博學而知

約者

同考試官教諭楊　批　孔孟之道萬世無

弊歷漢晋諸子[illegible]乃至朱子大明子能遡流

窮源且有憂世之志知所嚮往矣

同考試官教諭趙　批　道明則行幸于

今見之子涵濡治化肆而為文隱括至要敬羨欣羨

考試官修撰黃　批　有漢唐諸儒之說朱子

氏得以集其成而孔孟之道益明

懋德建中

聖人在

天子之位此作折衷羣言數展

聖化學而有獲者

考試官侍讀敖　批　道德一風俗可同此策

上下古今抑揚諸子殆志孔孟之學以維持世

教者宜錄之

帝王經世以承天建極以立人崇教以同風審尚以宜俗上之所爲而下亦爲之積習旣久行者爲安夫惟出於人心之所安而後可以大同於天下天下同以爲是則必合萬世無以爲非雖曲學邪說肆如簧之口橫潰四出鼓惑人心亦不能流毒滋患久而不廢蓋恃吾有以制勝之道而彼之道無繇勝正者邪之敵也天者人所不能爲也道者無弊法者追俗爲制是故君

于懷天下之防而一天下之維者也夫皇
風汾穆帝道誠壹亮采惠疇政非緣飾平
章協和俗多仁讓典謨誓誥明徵世變周
平東遷政教衰微孔子喟然有志于上古
之化論次詩書修起禮樂贊周易明王道
託筆麟經自隱迄哀是非二百四十二年
之中以爲天下儀表六卿分晉七雄爭國
捐禮讓而貴戰爭棄仁義而用詐譎孟子
於戚宣述唐虞三代之德所如不合退而

潤色夫子之業以授其徒時則申不害以術干韓韓非以法說秦蘇秦張儀馳騁從横轉相慕效遂成并吞周之盛時使天下孝弟修良日入于道德和平之中傳至康昭遺風流澤猶有存者秦之時使天下斬伐割剥日入于戈戟刑憲之中傳至二世土崩瓦解不可為已董仲舒漢之大儒言于武帝曰春秋大一統諸不在六藝之科孔子之術者皆絶其道丞相衛綰[illegible][illegible]用

賢良或治申韓蘇張之言亂國政者皆請罷去夫煨燼之餘士得見全經者鮮矣炎漢建立明經博徵儒術齊魯閒於文學雖曰承師亦別名家皆所以扶進微學尊廣道藝百年閒天下遺文古事靡不畢集斌斌然盛矣司馬遷號爲良史雖爲四子傳贊斥儀秦皆權變傾危之士悲韓非説難旣遁其身乃囚申子卑卑施於名實至曰衛靈問陳孔子不荅而去梁惠謀議攻趙

孟軻稱太王去邠此豈有意阿世俗苟合
已哉則遷之是非不頗謬於聖人也的矣
章句發明始於子夏其後諸家分析各有
同異石渠講議而説寖煩中元有詔議欲
減省徐防以疏取士曰改薄從忠三世常
道專精務本儒學所先范甯以咎王何曰
滅棄典文幽沉仁義游詞浮説波蕩後生
穎達正義剖注九經然多引讖緯文忠猶
少詬焉宋治昭明九儒繼出惟朱熹折衷

羣言羽翼六藝中更學禁晚益自信殆猶
孔孟不遇乎崇尚表章於今爲烈魏鶴山
指衛道之功可以繼孟軻云其他高者超
悟爲神卑者濟私爲賢宋治不振有由矣
胡元僭竊中國民物胥之爲夷我
皇祖纘業元勳廓清海宇首
勑文學之臣尊孔孟之言率三皇而範五帝典
禮合樂移風易俗貽休
列聖光昭明德惟

聖皇赫然中興敬
天法
祖懋德正學修禮崇化躬行節儉明示好惡政
之所施莫知其成時之所在莫知其移物
有必至而事之固然者士學於家非不知
尊孔氏而黜百家及出而仕僞名背實戕
公棘欲直枉是非各以其意事苟不出於
已少有齟齬不合即羣起而噪之得不如
撤所憂者乎古者計田授民無職事者罰

有常征逋年四方游手浮食觸禁亡貫之徒側肩躡足于京邑巧文詆法有司明知其罪盭而莫之貶抑此之不去樹德曷滋不有如誼所憂者乎工者矜能於無用商賈通貨於難得操其奇贏遊都市乘時之急積貯倍息亡農夫之苦有什伯之得非錯之所憂者乎上下相冒背本趨末循法守禮者見侮於世奢溢侈僭者謂之顯榮有如司馬氏所憂者乎夫治世微權捄

侈急務嘉道德以同風俗賢貞介以抑競躁與忠儉以袪泰侈示糾罰以杜奇巧辨等威以齊衆志嚴中詗以削僑人輕末作以重本業愼品節以防僭差誠以行之循而不變則民心同而治道一賈生有言經制定則世世相安矣彼俗吏執簿拘文非所以基太平故王者以爲憂本之人情爲之立制以和其心志嚴安所以疏漢武鄭子產爲政於鄭崇本質而抑華靡與人誦

之不衰夫世有先後而言治者若持左券
皆曰先王有改制之名無易道之實漢唐
承秦隋三章六典非不犂然各當而享國
傳家邈不逮周周承桀紂後一周官法度
即可兼夏殷之歷年平由之上下勤恤誠
民祈天道洽政治永膺多福延至八百年
齊晉强大猶假尊周之義以濟霸國之威
此其故何哉培植豐大則枝葉長榮禮教
未熄則人心尚存今孔孟之道昭如日星

我

聖主尊崇服行所以明天道立人極以興民行

者曰惟不足一哉

皇心而倫備矣大哉

皇章而制善矣純德軼于

京師則王風達于天下畢也涵泳

聖化莫知所畔涯者也敬承明問陳其概願採

擇焉

第四問

夏時

同考試官學正李 批 文敎武功道一耳

此作酌緩急時宜敷繹確當草茅言當世之務

適達若此可嘉可嘉

考試官修撰黃 批 邊事類能言之及致之

用則滯矣子能獨究弊原區畫條陳可裨時政

宜錄之以語籌邊者

考試官侍讀敖 批 安攘

國家大計也衡鑑之士能究心詳悉切中時弊進而用之易易

人主建中興之業也備經世之德者則王道顯具撥世之才者則霸略弘何也德弗足以和邇者難以語王才弗足以威遠者難以定霸于以原治忽之端決安攘之計灼可觀矣此周宣之修行而與師也揚三后之耿光而漢武之雪耻而除兇也垂奕葉之丕烈也歟執事有慨于滑夏之沴而遠感乎周漢之故愚請因明問而陳之可

乎昔周自大王避狄遷岐民心敵愾久矣
文王有畎夷氏之伐武王逐戎涇洛之北
以時入貢名曰荒服厥後穆王征犬戎獲
狼鹿以歸自是荒服不至陵夷至於厲王
無道綱紀板蕩諸侯不朝國人作難而玁
狁內侵逼近涇陽當是時周之宗祀不絕
如綫矣宣王崛起憂患之中深惟社稷之
計遣吉甫以薄伐帥方叔以徂征勉召虎
以戎公策皇父以敬戒淮徐之浦執其醜

虜追貊之邦獻其貔豹華夷界彼朔方疆
理極于南海王靈賡筭有逈然改觀者然
攷其雲漢見敬修之實也鴻鴈見流移之
歸也無羊見物產之盛也車攻見王賦之
復也而又任孝友之張仲明哲之山甫則
內治之功不可誣也漢承秦項兵爭之後
民苦於戰久矣高祖不報平城之怨高后
忍棄嫚書之詬寢兵休卒以紓新造迨至
文景之世要盟增幣而棘門霸上猶不忘

備加之以中行誘爲之謀主教以疏記使
之計課其人衆畜物誘以利害使之秋候
以騎馳蹂稼穡當是時匈奴爲漢患亦已
甚矣武帝藉文景之蓄積爲規拓之長策
遣衛青出上谷命李廣出鴈門公孫敖出
代霍去病出隴西浮西河絕大幕破窴顏
襲王庭封狼居胥山禪姑衍臨翰海追奔
逐北窮極其地名王貴人虜以百數出奇
制勝有曠然獨視者然攷其行夏時見天

統之正也恤農作見民事之重也表六經
見大道之明也黜百家見邪說之闢也而
又優董汲之直諫任霍金之忠朴則內修
之實亦不可誣也夫以宣王惕厲內焉順
治外焉威嚴會諸侯於東都復文武之境
土一時氣勢勃然中興若不可禦者雖牧
野之戰盟津之會不過如是胡為乎黃鳥
作黎民有此邦之嘆白駒歌賢者有空谷
之返卒之千畝不籍而有敗績姜戎之耻

王猶允塞竟安在哉蓋其戰勝攻克出於
修復之舉而老師宿將猶有先代之遺況
文德之風兵食之制先王之訓尚存也是
故當板蕩之餘獨振其興衰撥亂之烈其
以此乎惜也漸不克終遂使文武之業終
焉已矣東遷之禍曾不旋踵謂非王有以
遺之不可也易曰不恒其德或承之羞宜
王以之夫以武帝神武將帥猛良財賦充
實竣舒中華之氣洗除先世之耻一時威

靈赫然丕振若無能當者雖昆夷兌矣維

其喙矣不過如是胡爲乎關東轉輸之徒

釀亂而竊發繡衣直指之使秉鉞而竝出

卒之海內虛耗而有晚年輪臺之悔雄才

大略竟安在哉蓋其窮兵勤遠已昧夫不

戢自焚之災而好大喜功不免于時詘舉

贏之嘅迺算商車迺稅鹽鐵中正之法漸

盡矣是故秉強利之資不遂其長駕遠馭

之志其以此乎惜也不善謀始庶幾亡秦

之續幸而免夫納款之誠終于漢世謂非帝有以啓之不可也書曰不惟其終終以困窮武帝以之較而論之周宣之命將薄伐盡境而還其視戎狄之侵譬諸蟁蝱之螫驅之而已故天下稱明漢武之深入遠戍雖有克獲胡輒報之暴兵露師三十餘年中國靡敝匈奴亦創艾而天下稱武均之有攘夷匡夏之功未聞無怠無荒之學有關土開疆之烈未聞守在四夷之道此

宣王之不純乎王僅得夫禦戎之中策而
武帝卒歸于霸不免於下策也歟我
國家深仁厚澤類乎周而一統之盛優于漢
神武之所廓清
廟謨之所戡定直有以追舜之舞干而苗格
武之愼德而夷賓者周宣漢武不足言矣
柰何承平日久戎備益弛諸邊餽給舊不
麗于大倉也今也未嘗勤兵于遠如漢之
窮黷焉者何邊鄙之轉給率望于國中之

帑藏法曰千里餽糧士有饑色不可

矣邊方將官舊不聞其內遷也今也夫

禦侮于外如周之興復焉者何乎時之

用莫益于緩急之成敗語曰將不知兵

國予敵不可亡慮矣夫知邊需之未足也

不必求輸于鬼神斟酌盈縮在司農加意

而已知邊將之匪人也不必借才于異代

簡任責成在司馬留意而已是故以廣儲

蓄則興鹽利以實塞下之粟治屯田以省

轉輸之勞足邊之策此不可不講也以簡
將才則明賞罰以制邊臣之命慎委任以
專閫外之權任將之策此不可不講也抑
愚伏讀明問有感於中一得之見不容終
默執事有曰漢將如衛青李廣霍去病其
視方叔召虎尹吉甫諸人殆相伯仲夫古
今人不甚相遠也特患學術有未正爾宋
儒范仲淹曰議者不知取將之無術但云
當今之無將蓋中人之資有所明必有所

蔽有所長必有所短而懲於前警於後又其恒情也故吳起忍人也而稱名將陳平貪士也而爲謀臣管仲仇虜也而爲伯主傾上鼓舞駕馭之何如耳故曰用人之仁去其貪用人之智去其詐用人之勇去其愚三代以下將不知學若武帝拔衛青於騎奴用去病於育子至於驃騎出塞塞閱馬十四萬匹而復入塞不滿三萬乃益置大司馬位與大將軍等此其御將何如也

愚聞諸道路言矣比年邊寇方興會不足
以辱偏裨而
朝廷會舉固已倉皇失措不得已而思其次
一二人之外遂無繼之者夫勳裔世胄多
紈袴之習武科舉士僅得挽强之才求將
於倉卒而又以文法繩之吾知其必不克
矣曩者邊關將士以勇悍稱者類以罪過
擯棄於散地若此者其在平居固不可使
居人上至於多事之秋則彼之勇悍誠足

用也古人有言使功不如使過豈無謂哉況今之主帥賞罰予奪必稟命於督憲叅將遊擊莫制其死命其視古推轂之遣專閫之寄大不侔矣如此而望將得其人不已難乎執事有曰武帝括鹽鐵筭商車猶不足以給餽饟之費宣王南征北伐無歲無之不聞其用不足夫生物之豐敗在天用物之多少由人故能節用雖虛必盈否則雖盈必縮宋儒曾鞏曰有約于今而浮

于舊者有約于舊而浮于今者浮者必求
浮之自而杜之約者必求約之由而從之
蓋井田之制一夫百畝十一而征富藏於
民矣兵由農出於凡甲兵車馬之屬取給
於下國無預焉三代以下賦取於民若武
帝歲漕山東粟六百萬石其視高帝時已
數十倍矣而猶括鹽鐵筭商車豈盡輸於
邊哉愚嘗聞諸道路言矣
國初之制近邊郡邑租稅轉輸于巨鎮者不

少我

成祖親率六師三犁虜庭未聞有轉運內帑之費況今承平日久戍卒動以乏食坐困叫號驩呼震撼主帥借曰征調召募暫出不貲而出入緣奸所損豈少往者調宣大遊擊之兵入而收海口狼山之捷近歲以虜警之故簡團營聽征之卒往屯紫荊諸關之隘若此者謂兵家調發不廢可也豈可以為常乎其間坐視虜鋒若秦越人不相

應援者有之愚以爲客兵之費莫若付之
閫外使募死士以當前鋒如李牧椎牛享
士市租皆入幕府趙充國禦羌亦日饗軍
士其後曹彬下江南日須肉數千斤以給
戰士王全斌得以一州之賦爲犒軍之費
而軍中不問其出入古之將士心相得類
若此兵法亦曰視卒如嬰兒故可與赴深
谿視卒如赤子故可與俱死今一錢尺帛
必從中覆而三軍之士不厭藜藿持此以

闞其敵不亦難乎雖然歐陽脩又曰國之所憂不在於無兵也無將也無財也無禦戎之策也無可任之人也唯在於謹號令之須明賞罰之施責功效之實而朱熹亦曰其備不在邊境而在朝廷其具不在兵食而在紀綱其本不在威強而在德業此又探本之論執事廟堂事也謹對

第五問　　　徐道遠

同考試官教諭黃　批

河防持議者衆未
聞畫一良圖可行經文惟此策能道古今河患
處濬導財力非究心時務之士曷能如此宜錄
之以冠多士

考試官修撰黃　批

甚矣水之為利害也先
後疏鑿靡敝財力子能道其故條畫其宜申之
以節愛皆非經生所習談也是可嘉尚

考試官侍讀敖　批

治河亦今日切務此對
究竟源委洞悉利害條畫區處鑿鑿可行可以

興司水者言

天下有不可必興之利亦有不可必去之害夫利害者休戚之原也興衰之機也利有可興而弗知所以興害有可去而弗知所以去仁者不爲也利不可以興而必欲興之害不可以去而必欲去之知者不爲也不必於興利不必於去害知以度之仁以經之蓋諸我者足以回天人之心是謂得時方今黃河之害非在所當必去者乎

運道之利非在所當必興者乎而執事先
生懇懇焉惟是之問無亦欲察利害之原
而究其說乎夫河之爲中國患也久矣禹
鑿龍門導大伾疏九河而注之海而後懷
襄之害息允賴之利成孟子所謂禹之行
水水之道也繼禹而治者代不乏人然議
論數奏人持所見經營規度各私其功其
於利害之原率未暇致詳也
明興洪武初河嘗决雙河口入魚臺巳而用

兵梁晉間
命大將軍徐達開塌塲口決耐牢坡引曹鄆
河以輸晉梁之粟永樂中運道淤阻輸挽
不繼乃發河南丁夫
命侍郎金純引開封河復開塌塲口出穀亭
北以復故道當是時不徒察利害之原明
興去之宜而
聖德神功孚契感格亦不可誣自是百餘年間
凡七決矣雖嘗

命大臣董治其事然亦隨時補葺未聞經久之圖也邇者河析而東決夏邑經曹縣達梁靖接二洪其於運道有賴矣然戊申年河水暴溢曹單之地皆沼渚而濱河之民悉魚鱉蓋不忍言者且弘治五年決張秋也潰自金龍口而其所經之地莫非曹州之境今曹單之野視河水爲甚低而張秋故道又視曹單爲甚邇故曹單一決勢必尋故道而決張秋非徒南旺以北閘座盡

廢愚恐山東諸泉悉因之而東奔矣此河患之在山東者誠爲至切而運道之在張秋者不可不慮也決上流以殺其勢開支河以分其流今日救患之策宜莫先於此者故總督重臣一則有欲穿趙皮寨之

奏一則有欲穿孫家渡之奏夫二河俱上流也而難易殊焉何則孫家渡之開昔嘗因之以塞張秋五十餘年淤積成阜雖經十五挑濬卒罔攸濟趙皮寨之穿以達渦河

雖其道里較若稍遠而河身尚存易以成
功然自河以南者曰二河既開則曹縣之
患轉而之睢歸亳泗矣夫民患均切也而
未然之防亦不可不虞是故決孫家之渡
則必由白露西華以入荊山矣而
壽春諸王之墳近淮河者可不慮其奔迫耶
開趙皮之寨則必經渦河蒙城以達臨淮
矣而
祖陵

下之在鳳泗者可不憂其蕩齧邪故菑害之
及於民者均之可恤而其切於
民生者尤可畏也雖然二河誠可鑿也方今
財力困矣莫大之役不貲之費將何所取
給邪議者謂在山東則有溜淺之夫堤白
之夫在大名亦有堤夫在河南亦有河夫
堤夫堡夫而歲時定派復有椿草之銀然
河南之夫徵銀以爲雇募之值山東之夫
役力以備挑濬之用而力與銀又取諸均

徙蓋自黃河興役而經費有常所謂輪年
之額辦者也而明問則曰役夫衆多久勞
則潰財出州郡兼取則冒托資奸者無亦
有懲於勝國之已事而爲是憂治時之言
乎愚則以爲救災䘏患本非黷武窮兵之
事而董理諸臣又非好大喜功之人故尚
書宋禮役夫一十六萬以決會通之淤凡
七閱月而後成都御史徐有貞役夫五萬
八千以塞滎陽之決歷十有八月而後集

及決金龍口已康敏役去二十五萬矣復決張秋則劉忠宣役夫一十二萬矣又皆成功於二年之後當時民不以爲怨者得非說以先民民忘其勞邪玆果欲其役久而不潰愚則曰非姑息之可能也必與之工值以安其心錫之犒賞以作其氣出給有時更休有候而又節其風雨之勞恤其疾苦之私復得仁厚之吏巡行勞來於其閒有如李牧魏尚之撫士卒即驅之於必

死民且樂於戰矣況徒役其力而已邪果欲其財出而不濫愚則曰非浚削之可恃也必圭地以計其數因數以定其夫測深廣以驗工視濕燥以爲節而又遠邇有程稽考有籍復得廉明之吏覈實經度於其閒如孔僅劉晏之善心計即有汚吏猾胥無所容其奸矣況用之而得其人邪嗟夫此自一時區處者言之也而利害之原則固有未悉者昔宋欲回河歐陽脩曰凡動

大衆必順天時盡人力謀於其始審於其終計所利者多乃可無悔劉敞亦曰天有時地有勢今極力於疲病掠財於殘耗上與天爭時下與地爭勢未見其爲可也方今可憂之害莫切於
皇陵必圖之利莫先於漕運乃者河水東行而
陵寢無虞接河濟洪而漕挽通利此蓋
皇天垂祐地祇效靈
國家億萬載無疆之休端有在於此者是豈

人謀之能與哉而持議之臣不審其所終
自貽無窮之患與時爭勢強爲難圖之功
誠未見其便者然則爲今之計必何如而
後可哉陳堯佐知滑州以西北水壞城築
大隄又疊埽于城北護州中居民復置木
龍以護岸當時賴焉任伯雨云河流必決
者勢也安可以人力制哉爲今之策正宜
因其所向寬立隄防約攔水勢使不至大
段漫流爾故與其分心於[illegible]昔之二河孰

若併力於尚完之曹單是故多置方舟疏濬淤澱使河益深廣足為容受之地以行賈魯之三法寬立隄防增培卑薄復旁植木龍以當奔突之勢以行賈讓之三策不然則又於崔壩南岸別決小河自賈莊以達梁靖俾水有所分且免他虞是或治河之一道也如是則事捷而役不久功大而費不重矣然草野之臣不識忌諱復有進於此者晉景公時河壅不流召伯尊遇輦

者曰君親素縞帥羣臣哭之既而祠焉斯流矣如言漢武帝時河決金隄谷永以爲河乃中國之經瀆今潰溢橫流漂沒陵阜異之大者宜脩政以應之至後世三寶之說獻於禹祖崇陽抑陰之疏進諸李絅此愚生所謂得其時焉之意也茲遇

聖明在上知周仁備以建中和之極行將見其就下安流出圖書以答

皇休矣愚也又何贅焉

應天府鄉試錄後序

嘉靖歲己酉秋維七月六日臣

銑臣廷用恭奉

上命典應天府試事事既竣廷拜手

稽首言曰維

皇祖受命有此武功于時考卜宅是

鍾陽維

成祖承烈定鼎燕京
兩都竝峙萬方拱極山川連亘幾
千里相錯如繡比入徐淮瞻濠
梁仰惟
皇祖當昌運而興順天應人一時佐
命元工雷動雲合翼
龍以飛鼓舞域中肇造區夏及天下

底定興學設科文武並用其繁
簡異宜加詳外服所以重根本
長楙枝榦也
列聖纘圖封植人材菁壽俊在厥服
暨我
聖皇發祥江漢入承
祖宗大統懋德建中本人紀明王道

配天地嘉惠庠序之事
敬一箴訓頒于中外
臨飭臣民語次尋繹久於其道光
天之下至海隅經生學子皆克
有造其登可者籍奏于宗卿于
天子之廷比材彙征需次服官鉅細
臣工斌斌然布列遐邇寔足以

宣
休德流渥澤保乂生人翊衛
社稷熙洽明昌其亨嘉之會乎
皇上籲俊尊
帝猶日皇皇焉此都豐芑之遺瑰意
琦行士不有當此復出者乎諸
士抱藝而進諦詮其文綜核經

籍莽苞子史揚確治體嗽次功
敘直而不倨曲而不詘近而不
偪遠而不攜細而不匱廣而不
宣質而不俚華而不靡井然理
充然有得所以昭人文章
道化鳴
國家中興之盛美哉渢渢乎昔季

子延陵產也似伯夷聞其風者
可以興矣況賢者遺化慕義之
邦哉夫義勝者不有其利者也
士能致其義所以飭德表行事
一人理萬民罔不宜焉我
皇上作人至意不爲華乎今日資言
不亦成其信乎明徵得賢於斯

為盛是可祇復

聖天子矣

翰林院修撰儒林郎黃廷用謹

序

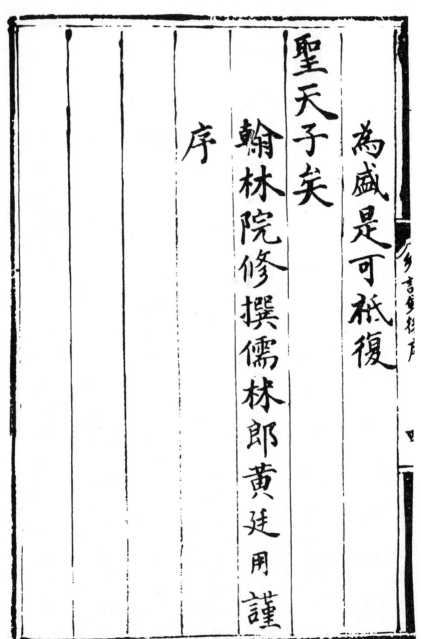

蘇松武舉錄序

皇上憲天立政俞大司馬之請若曰文陽而武陰也陽不可以無陰則文不可以無武凡三歲群天下學校之士而各以其鄉舉之已乃武畧之科繼焉例也維茲三吳財賦之邦府衛森列知勇輩出乘時奮庸

歲己酉合村官旗舍民士百十有五人如例行錄其尤者三十有二蓋一時將帥之選從前未有錄者於今以義起也乃屬而告之曰國之大事在戎兵之司命在將將之所麾莫不從移是以占其將而察其才古者寓兵於農鄉遂皆兵六

卿皆將三代而下岐而二矣漢興六郡良家之子以材力給羽林期門名將多出焉如趙充國傅介子甘延壽之徒累立奇功由此其選也其後武能制敵之科見於薛讜光之論翹關負重之規長垜步筒之射見於唐人之制以策為去留

以弓馬為高下見於馮維師之奏
上有以求下有以應折衝禦侮代
不乏人如郭子儀之賢亦出諸此
乃今與於是選固効用之辰其最
諸吾聞之君子聽鼙鼓之聲則思
将帥之臣夫固君子之所以思将
帥也介冑則有不可辱之色夫固

將帥之所以為君子也自今觀之較藝試諜莫不頴出躍而騎矯乎其強也下而步迅乎其疾也的而射力乎其直也群而文浩乎其不窮也可以見槩矣然豈如是而已乎必有進於是者矣諸士吳產也吳之先王闔廬孫武以兵法見奇

而用之破楚入郢威齊晉以顯諸侯武著書十三篇談兵者往往祖之其言曰将者智信仁勇嚴也無亦是務乎夫智也者以言乎其善謀也信也者以言乎其出令也仁也者以言乎其恤下也勇也者以言乎其決機也嚴也者以言乎其

御衆也能是五者將材備矣斯可以用其法不辱尚其勗諸古之良將不為利回不為禍惕以擣其志勝而不佚貴而不驕以平其情賢而能下剛而能忍以和其衆故能五者備矣機權變化惟其所之而用不窮夫是以治兵保境姧宄不

足詰分閫仗鉞暴横不足平鞭笞
四夷伸威萬里則黜虜不足治邊
境不足寧謂之社稷之衛非歟方
今戎愠未殄當
宁未已拊髀之思與是選者其有志
於古之英矣乎或曰西北東南人
材不同而武恒右西北然觀於前

志者如陸抗檀道濟全景文陸子
隆輩皆以吳人抗衡天下大立戰
功庶幾乎為時名將誠有志焉孰
謂人不相及哉則茲舉也亦與有
榮施乎盖未敢必其無人而不以
望也其勗諸
巡按直隷監察御史饒天民序

武舉條格

一每遇子午卯酉年十月武舉鄉試預於
九月內各衛所起送都司府州縣起送
布政司類送巡按御史會同三司官考
驗定數仍行都司起送五府轉送兵部
布政司起送兵部兩京衛所俱送中府
候到齊之日中府掌印官會同各府幷
錦衣衛各掌印官考驗定數類送兵部
直隸衛所留守司大寧萬全都司幷各

府州縣俱各送巡按御史考驗定數仍
行各都司直隸府州縣衛所照例起送
其十月內考驗日期并選取之法倣武
舉會試例行各處起送應武舉之人務
要詢訪素無過犯操行端謹言貌出衆
膂力過人及考驗弓馬熟閑答策通曉
兵法者各開註明白方許以禮起送不
許求足額數一槩濫舉正德十四年六
月該兵部題本作十月例該武舉鄉試

将合做武舉會試所行事件開坐一議
得在京武舉鄉試照武學考驗例本部
侍郎一員會同各府掌印官并錦衣衛
掌印官於團營東官廳南京兵部尚書
會同南京各府掌印官并南京錦衣衛
掌印官於大教場各考驗都察院并南
京都察院各差監察御史一員監試在
外布政司於所在教場或貢院考驗直
隸去處并各邊聽各該巡按御史定擬

適中相應去處考驗兩京并各處武舉
鄉試考驗等官并執事官軍終場對策
人員茶飯及合用紙劄筆墨心紅等項
北京照依舊例各營出辦南京聽南京
兵部於本部收貯各項官銀內支給措
辦在外聽各該巡按御史定擬於各都
司布政司府衛量給出辦初場二場試
箭合用金鼓旗號響器并監箭巡視等
官三場搜檢巡綽官軍在京行三大營

南京行大教場定數差撥其刋刻題目
匠役兩京俱於府縣取用在外聽各該
巡按御史定撥取用及印卷彌封等項
執事官俱照舊例初場試馬上箭以三
十五步爲則二場試步下箭八十步爲
則各要數番平矢直衝把子中央者爲
中如有劄箭并中把子根把子旗者俱
不准三場試策一道兩京照先年團營
武舉例兵部官出題在外俱巡按御史

出題其策問或據古兵法或問時務惟
在簡要含蓄以觀其才識不必專據紙
上陳言徒取記誦致遺其材内有先年
已曾起送赴部會考不中之人令次又
來赴試許一體考驗起送其選取之法
凡有五等通照武舉會試兩京各衛所
保送各府類送中府土十衛并武學徑
保送中府其各衛所保送應舉人員務
要各開平素謀勇習學騎射兵法並無

曾經問發等項遲礙緣由明白及各處
考語起送在外司府州縣衛所保送人
員亦同本月二十三日題奉
武宗皇帝聖旨是這武舉鄉試條格都依擬行
便行與南京及在外各衙門知道欽此今照
兵部侍郎為本兵之佐既知武舉會考
難以又典武舉鄉試及查各處應舉人
員俱送巡按御史并三司等官考驗各
将两京衛所應試者亦送各該巡按御

史考試類送兵部其考試去處并執事
等官軍匠役及茶飯紙劄筆墨金鼓旗
幟等項聽各該巡按御史臨期從宜處
置取用俱於該年十月內舉行射箭日
期并策論題目亦聽各該御史自定武
學官生弟姪于兵部月考步馬箭策略
第一等內選送
一應試人員各該官司嚴加考選不拘名
數起送

一監生省祭官生員俱不許應試
一官生作文依例迴避
御名
廟諱
親王名諱不許違犯惟二字不偏諱
一武舉會試既奉
欽依改於秋九月舉行其各處取中鄉試人員
于次年五月以後各該官司查照應付
脚力口糧赴部會試

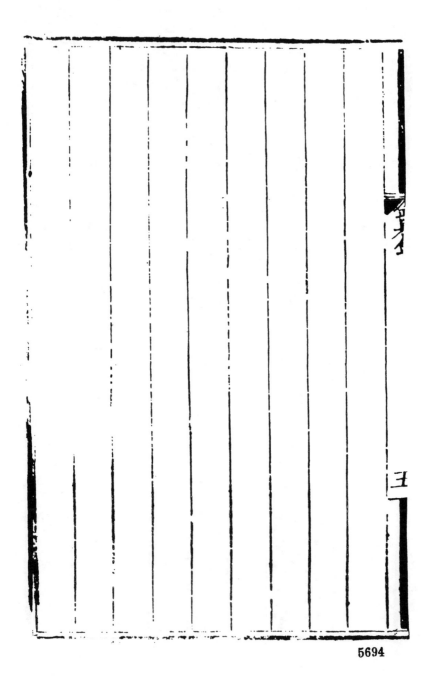

案驗

巡按直隸監察御史饒　爲武舉事照得嘉靖二十八年乃武舉鄉試之期本院奉都察院勘劄已經通行去後今試期在即合條示以便遵守爲此案行該道查照原行案驗內事理并後開條約動支無碍官銀刊刻告示發行各屬軍衛有司衙門知悉毋致違錯先將行過日期同依准繳來

一

國朝武舉之設所以拔豪傑於草莽收將材於
下僚初未拘類各屬官旗軍民人等凡
弓馬閑熟兼知韜畧者俱准應試惟監
生省祭官生員不許其或有身家過犯
冒濫起送者查究起送官吏一併治罪
一應試人等俱赴該府衛報名取具里隣
結狀查無違碍類送該道造冊呈院限
九月終到院投文次三日赴蘇州府投
卷其卷備寫三代脚色稿正各用紙十

幅
一執事監射官一員報箭用千戶四員巡
綽用指揮四員唱號用府衛首領各一
員彌封考試用府堂官二員謄録對讀
各用知縣二員搜檢指揮四員受卷收
卷各用推官一員印卷用府經歷一員
供給官用縣佐四員俱要預期選取開
名具揭呈院令各照派定執事不許臨
期違悞

一教場先期衛掌印官會同管操官督率
軍舍芟除荊棘理整理墻垣其旗號俱
用鮮整紀回報箭合用籌架將臺營壘
俱各脩築齊備
一十月初九日試騎射十二日試步射十
五日試策論入試人員初場二場俱穿
簡便衣帽巡綽搜檢等項官員各嚴加
防範如有雇倩項替者許當時拿問知
而不舉者一體治罪

一紀箭先行蘇州府裝簿三扇應試人冊
分屬填註每名下各二行填馬射一行
填步射一行每行格眼各用九數用印
鈐記一本送院一本送監試官一本發
監箭官俱臨期呈遞其箭垜兩傍用藍
旗官二員鼓手四名如發矢中的藍旗
官審視方許擂鼓其射中者高聲報中
不許訛傳妄報取究
一射箭遠近俱照式步弓量定馬箭三十

五歩爲則歩箭八十歩爲則馬把分將
臺甬路兩邊安置歩把俱照舊時式樣
不許過爲寬大其聽射人後俱立將臺
左聽唱名騎射用單歩射用偶射畢各
立于將臺右不許越次喧嘩傳遞弓矢
違者捆打
一初場試馬上箭三回共九矢每回騎馬
直射二背射一回中者合式歩箭亦九
矢二中者合式俱要彀子平矢直衝把

子中央者准作中數其策論俱要照題
議荅參酌已見以觀經略不許剿竊陳
言虛應故事
一彌封先行蘇州府造印信簿一扇仍選
書辦吏四名表背匠四名候受卷官收
完轉送彌封官編號彌封畢送謄錄對
讀畢送堂分發各考試官較閱其號簿
用本院印封發監試官收掌候揭曉開
拆填名

一第三場試策論各一道先二日本道出
坐席咼號一如文舉之式先一日將試
卷分領考日黎明赴院備倭官於二門
外挨次點進嚴加搜檢不許夾帶片紙
隻字亦不許喧嘩失次其卓上先期編
定亦如圖式題下不許交接講論違者
廵綽官稟拿責治其筆墨硯并水確俱
令自備
一供給官其合用餅果茶湯等項俱在外

整辦完備遇一場先一日送院仍帶廚役四名聽用其飲饌俱各豐潔器皿什物亦各齊備卯時擊雲板一下傳茶一次巳時擊二下傳湯飯午時擊三下傳梨果申時擊四下傳粉麪遇晚卷未完者聽堂上擊板五下各給燭一枝巡綽官挨次分送不許越次喧嘩違者當時扶出

一三場試畢出榜之日五衛掌印官齊備

金鼓長吳二縣結采亭蘇州衛官撥官
進院領榜安置亭內鼓樂導迎至蘇州
衛大門外張掛本衛仍預搭架榜棚其
其應試官生聽候看榜中式者俱赴蘇
州府儒學拜謁先師應襲舍餘人等各
帶儒巾青服其指揮等官俱各照常服
色行禮畢齊赴察院用鼓樂導送蘇州
衛赴宴照次序坐

一開榜日長吳二縣照數備辦花紅送院

第一名銀花一枝絨花一枝色段一端
綵旗一對第二名以下各絨花二枝色
段一端綵旗一對十名之外各絨花二
枝紅綾一疋綵旗一對挨次從東角門
出各衛官照依中數多寡分倫馬匹騎
坐其民生於長吳二縣出辦各挨次擺
列馬夫俱用青服宴畢仍執旗詣廟拜
謁
一前項錢粮俱先於蘇州府查無碍官銀

動支事完照用過數目行各該府查取
補庫其中式官生除議定書冊給與盤
纏外仍於各府查給長夫銀十两給文
起送之時方許領用有司仍以禮作興
各送旗匾以見隆重之意
一凡中式者俱照儒學生員免本身差役
原係軍職者亦量委官事以示優異

嘉靖二十八年蘇松武舉

監臨官

巡按直隸監察御史饒天民 明先湖廣崇陽縣人 乙未進士

監試官

蘇松兵備山東等處提刑按察司副使魏良貴 師孟江西新建縣人 乙未進士

考試官

蘇州府知府金城 邦衛山東歷城縣人 戊戌進士

同考試官

松江府推官姚唐 時雍山西屯留縣人 丁未進士

監射官

金山備倭浙江都司都指揮僉事魏元 景春湖廣嘉魚縣人 己丑武進士

收掌試卷官

蘇州府推官鄭本立 充道浙江蘭谿縣人 丁未進士

受卷官

鎮江府推官龎俊 孟章陝西涇陽縣人 丁未進士

印卷官

蘇州府經歷吳世卿 君輔山東德平縣人 監生

彌封官

蘇州府吳江縣知縣丘岳　子聰湖廣黃岡縣人　丁未進士

蘇州府崑山縣知縣朱伯辰　文振江西南昌縣人　丁未進士

謄錄官

蘇州府吳縣知縣宋儀望　望之江西永豐縣人　丁未進士

松江府華亭縣知縣張敦復　叔中浙江麗水縣人　丁未進士

對讀官

蘇州府長洲縣知縣苗敏學　以勤山西平定州人　丁未進士

蘇州府常熟縣知縣羅鴻　廷獻廣東南海縣人　丁未進士

唱號官

蘇州府檢校張文義 德宜 福建建安縣人 監生

太倉衛經歷胡楷 大正 浙江餘姚縣人 吏員

報箭官

蘇州衛指揮僉事吳韜 用光 直隸泰州人

蘇州衛正千戶王執中 道傳 直隸高郵州人

太倉衛正千戶魯泮 獻功 直隸廬江縣人

鎮海衛正千戶陳文麟 公瑞 直隸全椒縣人

鎮海衛正千戶儲元 仁甫 直隸定遠縣人

巡綽官

蘇州衛指揮僉事朱文正　誠甫徐州九里山人

蘇州衛指揮僉事田光祖　世勳遼東瀋陽縣人

太倉衛署指揮使馬圖　文明直隸高郵州人

鎮海衛指揮同知楊廉　介夫山東掖縣人

搜檢官

蘇州衛指揮同知朱承勳　守中直隸儀真縣人

蘇州衛指揮僉事朱崑　朝憲直隸海州人

太倉衛指揮僉事陳大綸　汝經直隸全椒縣人

鎮海衛指揮僉事徐政　以德應天府句容縣人

監旗官

蘇州衛百戶周應安 以寧直隸盱眙縣人

太倉衛百戶沈奇 子正浙江德清縣人

供給官

蘇州府長洲縣縣丞江浚 子淵四川大竹縣人監生

蘇州府長洲縣縣丞張綸 德言四川忠州人監生

蘇州府吳縣縣丞劉仲顏 汝學湖廣辰溪縣人監生

蘇州府吳縣典史萬文化 國寧江西南昌縣人吏員

第壹場

試馬上箭

第貳場

試步下箭

第叁場

第一道

問兵之說古也蓋自戰於涿鹿始也嗣是而後代有爲其說者如奇正虛實之說勞逸攻守之說及用反間投亡地之說

皆明乎備矣運用之妙欲一言以蔽之其說安在且水火不同用既曰兵猶水也又曰兵猶火也堅瑕不同勢既曰攻其瑕者又曰折其盛勢其意何居昔有減竈而勝者亦有增竈而勝者有以火牛而勝者亦有以火牛而敗者有兵少而勝於赤壁者亦有兵衆而敗於淝水者其事何由有紿用趙括而取勝者亦有諼言張斌而計行者有背水爲陣而

勝趙者亦有舍水上山而喪師者其智
安在是數者兵家具有成法顧用之何
如耳泥已然之迹而卒以敗亦不明乎
兵之說矣方今守在四夷之會乃醜虜
不靖數爲邊患欲求所以鞭撻之策使
之不敢南向牧馬然漢人有言自周以
來未有得上策者不知兵家所云亦有
於此可用者乎願言所謂上策者何即
以此而觀將略也其毋隱

論

有文事者必有武備

武舉中式三十二名

第一名 張建節 蘇州衛指揮使

第二名 陳憲 太倉衛武生

第三名 管鮑 太倉衛軍餘

第四名 阮鏊 蘇州衛指揮同知

第五名 楊尚英 鎮海衛副千戶

第六名 曹玄 華亭縣民生

第七名 丁堯臣 鎮江衛應襲舍人

第八名　田應山　太倉衛副千戶
第九名　陳致中　長洲縣民生
第十名　武光祖　鎮海衛應襲武生
第十一名　徐德良　太倉州民生
第十二名　金紘　太倉衛武生
第十三名　李芳　松江所副千戶
第十四名　徐正　太倉衛應襲武生
第十五名　西震　金山衛指揮使
第十六名　王承惠　蘇州衛正千戶

第十七名 施來鵬 吳縣民生

第十八名 姜勅 長洲縣民生

第十九名 喬岳 鎮江衛總旗

第二十名 戴紳 鎮江衛應襲舍人

第二十一名 張成巳 蘇州衛指揮僉事

第二十二名 翁時奨 金山衛指揮使

第二十三名 張國威 太倉衛軍餘

第二十四名 孫繼善 松江千戶所舍餘

第二十五名 張弟 蘇州衛副千戶

第二十六名　陳元恩　青村所千戸
第二十七名　吳成甫　華亭縣民生
第二十八名　樊景暘　鎮江衛指揮使
第二十九名　常　勲　金山衛指揮僉事
第三十名　劉　復　蘇州衛指揮僉事
第三十一名　張可仕　嘉興所千戸
第三十二名　陳　習　蘇州衛鎮撫

策問

張建節

馬上中九箭

步下中四箭

同考試官推官姚　批　善言兵游變化之妙今與我甚要于每者能知者蓋若將不甚遠也即此可以推類矣

考試官知府金　批　兵家之要只在因其勢而利導之此作發揮殆盡可錄

對善用兵者因勢而利導之斯其爲常勝之兵矣蓋兵無一定之形戰無一定之法有可勝有不可勝可勝與不可勝之勢在己而能自審之是謂知己可勝與不可勝之勢在彼而亦能審之是謂知彼知己知彼均之爲知勢知勢而後可以語變知變而後可以語兵知兵而後可以語勝敵矣是勢者變之因也變者勝之機也制勝莫善於通變通變莫善於審勢不審勢以爲

之弛張闔闢為之進退疾徐徒執乎已然之迹而曰此兵家之故也則其法之用也不足以盡利而心之運也不足以盡神其何以為制勝之地哉執事發策下詢首援兵家之說而欲得其運用之妙決舉成敗之迹而因及乎禦夷之方且曰即此以觀將畧敢無辭以對夫天生五材誰能去兵武有七德所以禁暴故自黃帝敗蚩尤於涿鹿之野而有五陣御兵之制戰之說蓋

昉於此矣其後征伐代代有皆聖人不得已
而用之者也夫以其不得已而用之仗鉞
臨戎誠不可以不慎矣何也鋒鏑交于原
野勝敗變于須臾死生易于反掌存亡由
乎呼吸當是時而可以無法乎而可以泥
于法乎孫子曰主孰有道將孰有能天地
孰得法令孰行兵衆孰強士卒孰練賞罰
孰明言貴變也太公曰凡爲將者必上知
天道下知地理中知人事登高下望以觀

敵之變動望其壘即知其虛實整其士卒即知其去來言知變也孔明曰為將者善知天時人事善知山川險易善知進退之道善知國之虛實善知敵之形勢言通變也匪是而將兵雖衆將安用之兵之有法也久矣古之論兵者多矣其大畧有六一曰奇正二曰虛實三曰勞逸四曰攻守五曰用反間六曰投亡地如曰奇正之變不可勝窮奇正相生如環無端言乎奇正者

備矣曰審敵虛實在我言乎虛實者備矣
曰先處戰地待敵而佚後處戰地趨戰而
勞言乎勞逸者備矣曰攻而必取攻其所
不守守而必固守其所不攻言乎攻守者
備矣至於五間悉用間之情九地有十地
之論皆章章明備者也然此六者以道用
之則爲六勝不以道用之則爲六敗專闘
功異不可以不察也其運用之妙欲一言
以蔽之亦曰因其勢而利導之耳此盖變

之謂也何以明其然耶且水火不關用固
也其曰兵猶水也以因地而制流適乎與
則如出奇無窮矣其曰兵猶火也以不戢
而自焚過乎此則知能以衆正衆堅毀寡
同勢固也曰攻其瑕者避實而擊虛則堅
者因以瑕也言乎其正也曰斫其威勢乃
相宜以乘實則堅者亦可破也言乎其奇
也兵之大綱於是焉在而勢之所謂虛所
謂實所謂攻守所謂勞逸所謂反間之用

亡地之設要皆其中運用之節目耳亦豈有外於因勢而利導者哉是故有虛實之勢焉有勞逸之勢焉有攻守之勢焉有用反間之勢焉有投亡地之勢焉稽之於昔孫臏之於魏虞詡之於羌虛實之勢異也田單安平之戰房琯陳濤斜之戰攻守之勢異也周瑜之於曹符堅之於晉勞逸之勢異也秦人之紿趙王武穆之疑兀术用反間之勢異也韓信之背水爲陣馬謖之

舍水上山投亡地之勢異也勢不異也而
吾乃異之則兵敗於異本異也而吾乃同
之則兵敗於同何也法不可無也而亦不
可泥也制而用之存乎法推而行之存乎
通因而利導之存乎其人焉耳夫以虛實
之勢異也臏則因魏人以我爲怯之勢而
實者虛之是導其易我而窮追也詡則因
羌人疑我有援之勢而虛者實之是導其
畏我而撓亂也其破魏兵于馬陵之下敗

羌寇于淺水之傍固其所矣是用法若異
而審勢則同又何疑於取勝之同哉夫以
攻守之勢異也单則因敵料我以守而不
意我以攻於是得牛千餘焚尾而趨之乘
其可攻之勢也琯則當賊備我之攻而乃
襲单之故於是牛車數千投芻而焚之勢
無可乘之便也单卒敗燕軍而全齊琯卒
潰王師而貽咲則亦宜矣是用法若同而
審勢則異又何疑於勝敗之異哉夫以勢

逸之勢不同也周瑜則以北方之人水戰
不習乃水軍迎而應之是因其勢而導之
使勞也苻堅舉百萬之衆遠來趨利而晉
師靜以待之是不知勢而人處其逸也竟
焉赤壁一炬而敗曹淝水一捷而師潰衆
寡相懸而勝負反異亦由乎勢之審與不
審爲之又何怪焉夫用間一也明知者人
以間我而我以間之昏惑者人以間投而
我即受之如趙括之不知合變秦人利其

代廉頗久矣乃用金行間而謂畏其爲將趙王用之以喪師兀朮之遣間中國武穆言其爲張斌計也乃剉股納書而復遣之約齊劉豫因之而坐困是用間之勢審與不審利導之機知與不知耳又何惑於師之喪計之行哉投地一也善投者置之亡地而存不善投者即失地利而敗韓信之禽趙歇于時將非得拊循士大夫也予之生地則走敵非有知勇諸侯王也與之力

戰則勝故背水為陣以待之此能料彼已之勢而亡地之投者宜也馬謖之敗街亭于時赴敵之兵固非烏合之可憂而所遇之敵又非趙人之可易乃舍水上山以待之此不能因彼我之勢而亡地之投者繆也是所投之地雖同而投地之見則異又何疑於敵之勝軍之覆哉蓋勢無常而導亦無常勢在于彼我而導亦在於彼我能者用之以勝不能者用之以敗故曰以道

用之則爲六勝不以道用之則爲六敗此之謂也審勢以達變達變以制兵斯能其兵常勝而敵無不可勝者矣知其説者其知所以御戎乎且夷狄之患自古有之蓋彼亦天地並育之不能無焉者是故有苗之征在四方風動之世鬼方之伐當萬邦作乂之時聖帝明王感格率服之道征討制禦之方亦因其勢而爲之所也書曰無怠無荒四夷來王又曰明王慎德四夷咸

賓蓋化之也而未始征之也然荒服之外聲教所不逮聖王所不臣犬羊之性其去來無定其出沒無常不能保其不為我患而弛吾征討制禦之備也周宣王時玁狁內侵至於涇陽命將薄伐盡境而還蓋來則禦之去不窮追治戎之策僅以加矣自是而後秦皇有長城之築焉漢武示幕南之威焉夫疲民力以幸邊功竭中國而勤戍守僅足以備戎馬之蹂而釁起於邦域

之中秦之事不師乎古矣武帝驅逐匈奴雖士馬物故亦略相當其後呼韓款塞而元成衰微不敢相背漢之計差勝于秦矣故嚴尤之論曰周得中策漢得下策秦無策焉蓋謂是也嗚呼尤之論又甚定論哉夫夷狄譬如禽獸逐水草而居捕獵而食治之以不治乃所以深治之也周人之逐玁狁即所謂策之上者也尤且以爲非上策其何以爲上策乎我

皇祖開基
列聖嗣服守在四夷百八十餘年于茲矣夫何
邇年以來黠虜跳梁侵掠邊境既寇宣大
矣又寇延綏矣又屢犯遼東矣又牧馬太
原矣
皇上加意邊陲臣工群策畢舉宜咸賓之化即
成而干襄之績未奏執事欲求鞭撻之上
策然豈無策之上者乎先大學士丘濬曰
國初之盛所守不過數處然皆據其總會

扼其要害人聚力全而虜之來得以全力制勝正統以後則有不然者今考其地則宣府大同甘肅遼東大寧永樂初革去大寧惟存其四凡此皆西北邊城立爲重鎮而守以重兵則所謂總會要害之區者此也至於寧夏鎮守肇于永樂之初榆林控制始于正統之世其余花馬池等堡又創于邊境多事之秋亦已增益其舊矣其後堡寨日廣戍卒日分誠有如濬之所慮者

爲今之計盡致審於斯乎夫以堂堂中國之師豈不足以當蠢爾犬羊之衆而顧致疑于強弱之間蓋彼之寇我也常悉衆而來而我之禦彼也則無地非守歐陽修曰吾兵雖多分之而寡彼兵雖寡聚而爲多分合聚散之間而彼我強弱之勢見矣以我散處之卒禦彼團結之兵惡可以制勝以彼合併之多寇我分備之寡惡得以無患哉此兵家之所忌而勞逸利害之勢在

所必審也誠使逸常在我勞常在夷利常在我害常在夷即執事所謂兵家所云亦有可用者據總會要害之區復九邊重鎮之舊而上策其在是矣乎方今夷狄入寇倏來倏往若無足爲意然天下之事未能逆料而計之萬全者不可以不先圖吾聞之王公設險以守其國大易之訓也城郭溝池以爲固亦君子之所謹也潼關不守而秦蜀破下陽既舉而虞虢分地有所必

據城有所必守而不可棄焉者也故遂城虎牢不繫於鄭晉滅下陽致責于虞聖人之情見矣宜自今遣一熟知邊事大臣躬臨邊境相度山川之險夷地里之遠近夷情之向背糗粮之有無其城與其城相接其寨與其寨相連其為捴會其為要害某處為夷虜出没之門某險為我兵應援之地某寨堡之設去遠門户而緩急不足為用某寨適當要害而兵寡不足以守如是

而後議其稍緩之方併歸于要害之地如遼東如薊州如宣大偏關以至于榆林固原甘肅寧夏九邊重鎮則城守不可不嚴儲峙不可不富將領不可不擇兵卒不可不多斥堠不可不修謀慮不可不審毋恃其不來恃吾有以待其來來無可適之道毋恃其不攻恃吾有所不可攻攻無可乘之機則防守之備周而禦戎之策定以戰可也守亦可也守則為漢光武之閉玉門

戰則爲唐太宗之擒頡利何所施而不宜犬羊豈足慮哉此固審勢達變常勝之道也昔人有以戰守和爲三策而三者之中又以守爲本焉蓋曰戰而彼吾服吾亦不忘戰而一于守和而彼吾服吾亦不忘戰而一于守自今觀之和不足道也然亦可以戰可以無戰惟於守焉加意耳明間所謂兵法可行於今而爲上策者意者其以斯乎雖然蘇洵有言中國內也四夷外也

憂在內者本也憂在外者末也聖人先本而後末非專用心于內而忘有事于外也蓋內寧而外不治者未之有也紫陽朱子有曰其備不在邊境而在朝廷其具不在兵食而在紀綱其用不在威強而在德業此又萬世禦戎之大經大法也敢告執事幸與進而教之

又

陳憲

馬上中九箭

步下中二箭

同考試官推官姚　批　敷答條暢[illegible]處詳

盡録之以表將畧

考試官知府金　批　以審勢握機旨是知

兵者

用兵之道以勢合以機勝善論兵者審其勢而握其機焉盡之矣夫兵無常勢而因利制權為之勢勢強弱也勝無常機而因

勢利導爲之機機正變也勢強矣而不知所以用其強則折勢弱矣而不知所以振其弱則屈善兵者有道以權之而使其勢不至於折與屈者惟其機焉耳自古用兵之將曷嘗不由機以勝哉然亦未有不知正變而可以言握機者也機之正者所以達變也而變未始不出於正機之變者所以反正也而正未始不合於變故正而不通其變非法之善也變而不失其正斯善之

善者也故機出於正勝負未可知也機出
於變則百戰而百勝矣故曰利而不可不
因者勢也變而不可不通者機也用兵者
而知此謂之善用論兵者而知此謂之善
論非識兵之要而閑將之畧者能與於此
哉請因明問而陳其畧夫兵之說何始乎
蓋自黄帝涿鹿之戰而其法已濫觴矣嗣
是而夏有有苗之征商有鬼方之伐周有
采薇六月之師蓋雖三代之盛而不殄厥

慍則亦未有能去兵者也然聖人之用兵豈其樂之哉將以誅暴而禁亂安內而攘外蓋亦不得已焉耳及周之衰列國分爭干戈相尋迄無寧歲一時談兵者如管夷吾孫武吳起穰苴黃石公尉繚子之徒並駕其說於天下蓋皆用機權以攫天下而天下之人亦莫不奔命於機權矣世所傳武經七書者則其遺言也顧言之所傳者法也而法之所因者不可以言傳也其言

亦人人殊矣然就中論之求其深識兵要言約而意盡則亦未有過於孫武者也武書十三篇其論虛實之相形勞逸之相待者審勢之說也其論攻守之相因奇正之相生鬪地之相乘者握機之說也蓋必彼已之情見而後强弱之勢審强弱之勢審而後正變之機決善爲兵者法未有出於此者矣是故兵之所處而勞逸之形察焉其有虛實者勢也勢生於形者也兵之所

加而攻守之術施焉其有奇正者機也機因乎勢者也敵勢實則利用正然實而虛之則正未始不爲奇也敵勢虛則利用奇然虛而實之則奇未始不爲正也先處戰地而致人者逸然逸而勞之則致人者未始不致於人也後處戰地而致於人者勞然勞而逸之則致於人者未始不致人也可勝而攻則敵不知其所守然攻而不可勝則守之機未始不存於攻也不可勝而

守則敵不知其所攻然守而可勝則攻之策未始不存乎守也形之而知死生之地是故有亡地之投之說索之而知彼已之情是故有反間之用之說水火之不同用固也然有謂兵形象水者因敵致勝之喻也有謂兵猶火者不戢自焚之喻也言雖異立而義亦相濟者也堅瑕之不同勢固也然有謂攻其瑕者擣其虛之計也有謂折其盛勢者挫其銳之計也法雖異用而

實則相成者也夫兵家之言豈一端而已因辭以會意夫固各有所當也然觀其會通而求其領要則所謂審勢而握機者其言約而盡矣夫勢者因利以制權不可豫設者也機者因勢而利導不可先圖者也故不能審勢則不可以言握機不能握機則不可以言合變不知合變則亦不可以言用兵矣故色不過五五色之變不可勝窮也聲不過五五聲之變不可勝窮

也兵不過審勢勢之變不可勝窮也是故因利以制權形人而我無形者必勝之勢也因勢而利導致人而不致於人者必勝之機也故兵而無機也勢雖強易弱無不不勝焉者也兵而有機也勢雖弱必強無不勝焉者也吾嘗以是究觀古人用兵之迹而其勝敗之差殊觀矣是故孫臏之救趙也疾走大梁而其竈日減蓋強而示之弱也龐涓信以爲怯而卷甲趨之夫是以

有馬陵之敗矣虞詡之伐羌也輕車赴郡
而其竈日增蓋弱而示之強也羌疑其有
伏而畏不敢逼夫是以有濺水之捷矣周
瑜以水軍三萬當曹操百萬之衆人固恨
其兵少也卒之黃蓋一炬而操軍焚溺死
者過半操蓋有不戰自焚之勢而瑜則行
火有因者也符堅以百萬之衆阻淝水而
軍目巾固已無晉也卒之朱序一呼而秦
軍奔潰遂爲謝玄所勝玄蓋識以衆擊寡

之用而堅則亂軍引勝者也田單之守即墨也詐欲降燕而夜縱火牛以衂之遂殺騎刼復齊城单蓋乘燕人之懈而攻其不備其勝也宜矣房琯之戰於陳濤斜也亦効古法用牛車以戰賊縱火焚之人畜俱斃遂大敗琯蓋欲効田単之所爲而不知合變其敗也宜矣秦人攻趙趙使廉頗禦之秦人畏廉頗之善守而利趙括之易與也乃宣言畏括而易頗趙人信之果以括

代將秦遂誘括殺之而降其衆趙人之用括而喪師者蓋不知秦人之愚已而遂以之自愚耳岳飛之伐金也憤劉豫之事虜於金而思以計取之會得虜諜謾謂爲張斌而責其不報因作書貽豫而約擒兀朮以歸金人果疑豫乃襲而執之滅其國飛之計所以得行者蓋因金人之間已而反用以間之耳乃若韓信之攻成安君也自以兵非素附難於持久乃背水而陣使人

自爲戰遂殺成安君而擧趙信蓋知置之死地而後生其所以勝者非幸也馬謖之拒張郃也違亮節制擧動煩擾而舍水上山張郃絶其汲道縱擊大破之謖蓋欲效韓信之所爲而不知審勢其所以敗者非不幸也夫用兵之法見於兵志者粲然示人備矣歷觀自古用兵之將曷嘗不用法哉然均之用法而勝敗異者用之有善有不善焉耳用之而善者以法爲用而不爲

法所用故能因敵變化而善藏其用此孫臏田單韓信虞詡謝玄岳飛諸人之所以勝也用之而不善者爲法所用而不以法爲用執方泥古而不知合變此龐涓趙括馬謖苻堅之所以敗也是何也兵無常勢而法無常機行之有得失而用之有利鈍故蓄勢不可不審而其機不可不握也昔霍去病善兵而其言曰顧方畧何如耳何至學古兵法言兵之不貴徒法也岳武穆

亦曰陣而後戰兵法之常運用之妙存乎
一心言兵之貴知變也夫所謂方畧運用
之妙者豈可以他求哉求之此心而已心
者隨變而應其應無方隨應而化其化無
迹者也運用方畧所自出者也故知所以
治心則知所以治兵矣治兵治心之道莫
過乎一一者階於道而幾於神此審勢握
機之要也知其說者可以語兵要而占將
畧矣丼識天下之勢而通天下之變者孰

能與於此哉方今
聖明在上德教誕敷薄海内外喁喁向風此誠
守在四夷而兵革弗試之會也顧近年以
來醜虜匪茹盤居河湟西寇雲中南犯太
原東襲遼陽北侵上谷沿邊諸鎮殆無寧
歲誠不能不厪
廟堂之慮矣執事欲求鞭撻之策以成安壤
之功以佐中興之業甚盛心也愚雖不敏
何敢不盡其愚哉蓋聞昔在唐虞之世舞

干羽而有苗格此誠至德之代粹乎無以議爲也降至於周則玁狁爲患而不免於朔方之築太原之伐矣豈其德之不古若哉要亦其勢使然也夫夷狄異類不可以人理化服也先王治之以不治者因其勢耳昔人謂禦戎無上策而惟周得之蓋其叛也不爲之勤兵其服也不爲之釋備來則奮武以薄伐去則閉關以固守保境安民而不事遠畧故詩人歌之曰惠此中國以

綏四方此周道也彼秦漢之弊中國以事夷狄者策於何有哉爲今之計亦惟以周爲法治以不治而已治以不治者先於自治而已自治之道必選將練兵厚儲餉法使勝敗之數有所常主而攻守之計有以待之此誠禦戎之上策未有能易之者也傳曰將不知兵以其國與敵也卒不服習以其將與敵也言將之不可不選兵之不可不練也兵志曰國之貧於師者遠輸又

曰卒巳親附而罰不行則不可用言儲之
不可不厚法之不可不飭也誠得文武爲
憲元老壯猷如吉甫方叔者付以閫外之
權而應敵機宜不由中制臨敵奮勇殺傷
當者論其功而兵雖損不以爲罪暇則修
城堡繕器械明斥堠謹間諜饗士卒倡勇
敢惟其所爲而不拘以文法召募土着敢
死之士别技部分量授名田俾之力耕而
死守修舉屯田之法復塩政飛輓之制廣

峙芻糧以實塞下衣糧時授而掊克不事平時恩厚結於士心而臨事干紀者不以姑息由是則將材得矣軍實練矣邊儲實矣軍法飭矣所以自治者嚴矣如是而彼之侵軼不已然後鼓行出塞設伏邀擊宜倣漢人之法使吏士自爲戰戰勝而所得於敵者即以予之其軍庸之錄賞不踰時而失律之罪則誅不以聽率是行之則士氣自倍軍聲自振將有不戰而

屈人之兵者矣尚何醜虜之足患哉雖
然此其大畧也若夫因利之權不可以豫
設因勢之機不可以先定要在臨機應變
審其勢而導之耳昔趙充國之擊先零也
嘗言於上曰兵難遥度願至金城圖上方
畧愚非其人也而竊有志焉惟進而教之
則幸

論
有文事者必有武備

阮鏊

馬上中七箭

步下中二箭

同考試官推官姚　批　聖人思患預防之意此作得之且文思滚滚而抑揚頓挫有法佳士佳士

考試官知府金　批　此作深得題意而文采煥發議論不窮有用之材也

聖人不恃其有所以化天下而必有所以

威天下其謀國之慮深矣蓋先王制兵以
禦暴而戒不虞固不可以廢焉者也然以
聖人之神化臨之夫亦有不言而信不怒
而威者矣疑若無事於兵若無事於兵而
必欲其備或者將以爲聖人之過計如此
吁是未識乎審勢相時之宜者蓋勢力以
相上固衰世之習而乗人之不備以逞其
狙詐之私者又春秋傾危之常苟恃吾之
文德謂足以服天下而不知武備之設以

當天下之變則雖聖人之所施爲或亦有時而窮而不能盡如吾意也何也兵非聖人之所恃也然亦有不得已而用焉者也于其所不得已而用乃不能豫爲之備則制於人而不能以制人幾何而不爲敵所襲哉聖人之謀國不若是疎也故當齊魯夾谷之會而曰有文事者必有武備請具左右司馬以從自當時觀之其不知者則曰壇坫之上非營壘之所也玉帛之會非

干戈之相向也合友邦之交以成兩君之
好非三軍之所宜間也匽之會子產猶能
陳先王之禮以屬諸侯武備之設何為哉
其知者則曰聖人忠信以為干櫓禮義以
為甲冑而溫良恭儉之容久矣起天下之
敬信過化存神之妙自有以折殘賊之謀
以趙文子之賢猶能于宋之盟談笑以當
楚變武備之設不亦過乎嗚呼隱伏之機
昧者莫覺聖人之情不可見矣其不知者

固不足道也其知者徒知聖人之德足以
感人而不知事變之來也無窮而奸謀之
逞也每乘其不意夫惟事變之來無窮故
處之寧過於密無寧過於疎奸謀之逞每
乘其不意故寧使吾有備而無患無寧不
備有患而無以處之且虞舜誕敷文教若
無事於兵矣然典謨所載在內則明射侯
以盡教養之道在外則整師旅以爲備禦
之防汲汲然惟恐其武之或弛武王克商

修文若無事於兵矣然司馬所掌春夏則有振旅茇舍之法秋冬則有治兵大閱之法不聞其以武爲諱而弗是之備也以春秋視舜武之時抑又下矣周鄭交質而繻葛有戰秦晉世好而河曲交兵齊鄭之如紀也而陰懷襲紀之謀晉楚之弭兵也而卒有衷甲之變武備其可廢乎哉攘春秋之勢其於子產文子所處抑又異焉桓公會櫟而不返魯人莫[illegible]其情柔懦不振

有自來矣其後侵西伐北圍防圍成殆無
虛歲雖或有會有遇有盟皆魯人屈色從
齊而僅以免也昭公出奔齊景來唁外雖
以恤難爲名而中存黨畔之志定公旣立齊
再伐魯魯再侵齊是相尋於仇讐變詐之釁
而非有禮文締交之素也夾谷之會其果能
我乎是未可知也周人作會而民始疑會之
所起也由人心疑也人心之疑忠信之薄也
將拒之歟彼猶曰時會以發四方之禁古者

諸侯邦交之常而吾偃然以不往則各有所歸將必行歟則如楚人之於宋公固嘗執之於盂之會欲狡焉思啓其異圖吾將如之何也聖人於此其亦慮之審矣蓋曰君行師從禮之常也思患預防亦君子之所謹也吾既不能以不會而又不能爲之備齊人多詐能保其必以信終乎是彼復得志而我終受敝也故請具左右司馬以從亦有所不得已者卒之萊人譟而兵之

以士俳優前而行之以法壇坫不移擯相成列珠槃玉敦之禮成宗彝丹圖之制具齊之君臣謝過不暇而鄆讙龜陰之田於是乎歸焉雖聖人之過化存神而強暴自服然而司馬之備吾亦有以懾之也不然何聖人之神化不能禁刼盟於未發必待震之以武而後寢乎慮於未用之先而爲備用於既備之後而有功蓋至於是始知其武之備也果非計之過而或者未之知

也吾惟恃吾之文事而武或弛焉則所謂
威讓之令文告之詞征討之法其何以行
之哉此宋人之武功之所以不競也聖人
豈其然乎文之不可以無武猶陽之不可
以無陰而容可以偏廢乎文謨武烈之施
陽舒陰慘之道張弛闔闢夫固各有所當
也無文則武非神武無武則文非至文有
經緯天地之文必有戡定禍亂之武兼此
二者故全也藏諸用顯諸仁以相濟焉非

天下之至聖其孰能與於此抑嘗曰我戰則克公山弗擾之畔也命申句須樂頎下伐之而二邑之墮不崇朝焉豈使齊人得志於我哉故曰謀國之慮深矣然則謂孔子知權而無勇者誣非人也雖然知者慮義者行仁者守然後可以出會古之訓也弗慮而行豈聖人之心哉以此爲訓而聖人且行之猶有貪得商於武關被執如楚懷王之於秦遣將蒞盟辱國喪師如唐德宗

之於吐蕃者吁孔子不能信於齊人而二
君乃輕信於秦與夷馬是可深咎也哉

又

有文事者必有武備

楊尚英

馬上中八箭

步下中五箭

同考試官推官姚　批　文事武備相須
為用備見此篇議論純正奇氣逸發武弁

之中有文若是敬羨敬羨

考試官知府金　批　發明文事武備之意透徹而詞氣雅健可取録之

天下有相爲用之道聖人所以制天下之變者會道之全爲之也夫文武之爲道也互爲其用可相有而不可相無者也文而不武則事變之來無以爲震疊之具其弊也弱武而不文則政事之施無以爲化裁之本其弊也舛弱且舛焉治之累也吾不

知為國者而可以如此是必相須為用焉文有以濟乎其武而武亦所以濟乎其文聖人之道固如是夫苟道未能會其全徹隨所用而不匱通其變而不窮吁難矣哉知此而文事武備之說可以論其微矣且文武之說曷昉乎乃武乃文嘗聞之矣然猶未也易曰立天之道曰陰與陽立地之道曰柔與剛茲文武之說所自來也觀於陰陽迭運而四時行剛柔立本而百物遂

文可以無武乎文不可以無武猶陽不可以無陰剛不可以無柔也陽而無陰剛而無柔天地之道或幾乎熄矣夫陰陽剛柔不可以相無而文武其可以偏廢乎哉吾恐聖人之道不如是也聖人之道天地之道也以一身而會文武之全隨所遇而措於順應之際固將卒然臨之而不驚自有以弭變於樽俎間矣昔者夫子之用於魯也崇尚禮教德化大行無飲羊鬻市之人

變男女相褻之俗行者讓路道不拾遺駸駸乎將盡舉文武之政而行之魯其文事之脩如此固齊之所習知也夾谷之會齊實要之非以親魯實以嘗魯謂夫子知禮而無勇犂彌之徒蓋亦易之矣使於此徒文事之修而無武備之設則鷙悍徂詐之習彼得以逞而先事豫防之道我處其昧矣魯謂夫子之聖而專於文哉故其告於定公曰有文事者必有武備古者諸侯出

疆必具官請具左右司馬以從其必具司
馬以從者誠有見於文之不可以無武而
武也者乃所以濟乎其文者也逮夫兩君
相遇夷裔之俘以兵亂之齊之君臣意可
以得志於魯矣然而夫子以士兵之而萊
人不能逞既而刑侏儒辨享會而齊侯懼
侵疆歸魯遂以振使非先事而爲之備吾
不知其何如也葢文事之脩巳不能消其
驚悍徂詐之習卒之奪其氣而折其奸乃

司馬之命武備之戒者有以爲之所也夫
積衰之魯齊易而視之以有備焉則犂彌
之計不得行夾谷之會以好終武其可以
廢乎不武於武則亦不文於文聖之全者
未有用其偏焉者也其後墮三都誅少卯
強公室弱私家攝政三月而魯以大治是
非文武並用之驗歟嘗稽諸古矣其有文
事者宜莫如堯舜禹湯文武矣然而干羽
舞焉有苗征焉興有扈南巢之師焉致崇

寀牧野之伐焉其武又何如也亦未嘗專事乎文而或廢乎武者故曰張而不弛文武不能也弛而不張文武不爲也此開其道之相爲用也後世此義不明岐而二之知武備而不知文事則爲秦之暴虐爲楚之強梁知文事而不知武備則爲晉之偏安爲宋之不振噫文武一也並用之帝王之所以治也偏任之後世之所以亂也如之何而可廢其一也夫子忠信以爲干

禮義以爲甲冑文事之脩既爲武備之基而武備之飭又爲文事之助此兼體不遺之聖非後世之所能彷彿者尚何制變之足云抑有兆足以行而未行者使女樂不歸於齊君臣不怠於魯而文事武備之施有以遂其寤寐東周之志將見迎日授時璣衡齊政以上而經乎天者固此文也封山濬川辨方體國以下而緯乎地者亦此文也兼弱攻昧推亡固存以内而奠麗乎

中國者固此武也撻伐不庭所向無敵以
外而讋服乎四夷者亦此武也大道之行
舞干之化可以再見而唐虞三代之隆駸
駸乎馴致矣惜也文武之道雖小試於夾
谷之會而行道之志竟寢於微罪之行謂
之何哉

蘇松武舉錄後序

蘇松武舉錄成監察任菴饒公既明述敷求之典弁諸首簡矣謂余與有監試之責亦不可以無言也乃進二三子而告之曰若亦知夫所以慎簡之意乎夫舉全吳之地懷奇抱藝而思以自見者不知幾

何人也其有籍隸於衰行麗於法者不得與與者百十有五人耳初試騎射彎控縱送不以律者簡汰之蓋去者半再試步射射蹤及遠而鏃不再樹者簡汰之蓋去者半終試論策疎於謀而畔於法者簡汰之蓋拔其尤者僅三十有二人

夫試之騎步射者武之服也然而進止雍閑揖遜有儀則固經乎文者也試之策若論者文之事也然而屬辭開闔奇正相生則固緯乎武者也文事武服相為經緯占將察材法莫備於此矣因而導之兵志所謂通於一而階於道者由此

其選也二三子其有思乎古者諸侯貢士於天子天子試之澤宮而慶讓隨之疆場有警受成獻馘靡不於學文武之道未始二也後世秉文者昧遠畧甚至目武弁為粗材好武者憚名檢甚至目儒紳為迂腐於戲儒果迂腐而粗材果足

以盡武耶二三子試即兵志之所
謂通於一而階於道者思之則忠
信甲冑禮義干櫓真會通而無疑
矣措諸事業於光竹帛何有哉是
我
皇上設科求材之意也是監察公之所
望於二三子也二三子其慎思之

整飭蘇松兵備山東按察司副使

魏良貴序

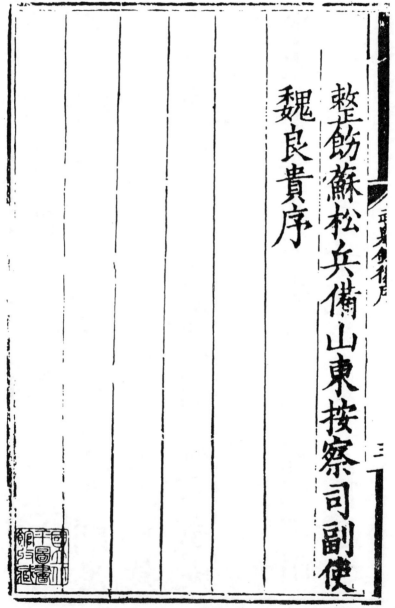

山東鄉試錄序

嘉靖壬子歲巡按山東監察
御史馮薦代御史項廷吉寔
當賓興之期既申飭胥謀於
先巡撫右僉都御史王忬今
巡撫右副都御史沈應龍廼
以右布政使唐時英左參政

路天亨提調副使周滿僉事
吳天壽監試幹偕教諭劉熠
林以毅曾汝舟蘇檢吳廣李
一元執試事左參議張旦副
使李憲卿董德明周大禮年
朝宗僉事史鵬曹天憲趙勳
都指揮李明元咸屬之襄[illegible]

於外焉曁諸分理悉惟賢能
遂晉提學副使裴紳所選士
三試之錄其雋以
獻輅謹序其端用告於士之與
錄者夫山東本曩時孔子之
鄉道化所從來久矣輅嘗讀
漢記見司馬遷述所以講業

齊魯觀孔子之遺風鄉射鄒
嶧心甚嚮往焉項至孜鏡其
俗又剛武有氣力中人士好
經術喜功名洋洋乎有古之
遺也因竊自嘆曰今
天子神聖中興
屬意科條以延引天下士大都

欲其不詭於孔子之道以光
贊
大業也茲其地豈無有以當
上意者哉蓋望之也已而觀其所
論著比譬聯辭星稠綺合無
不總統前聞寄意玄邃是遵
孔子之道而潤色之者也茲

所謂贊
大業者非耶然孔子之道不貴
於能言也統之本諸身達之
天下以故德行政業炳炳麟
麟而學士大人多述於世今
俗學或剽咫尺之辭以倖採
錄隨即棄去太菲薄以偷取

一切又安有所謂孔子之道
是猶竊狐白之裘而反衣之
者也豈不異哉孔子曰君子
恥有其容而無其辭恥有其
辭而無其德恥有其德而無
其行誠惡之也迺多士烝烝
然起於其鄉自束髮擁書讀

未始不把臂捥腕思一解布衣以蘄著施不自已也今以文辭獲遇簡照儻亦有席前之弊者乎夫初御者必識六轡之信縮初任者必審官方之是非是謂合於道而仕以行其學非謂仕與學爲兩途

也多士仕矣其無忘今所論
著亟以所學斡運在公論列
世事即有不迪於檢押非孔
子之道者固遜謝不爲異有
以得其當而報於時庶幾於
國家太平之鴻業稍稍有助矣
詩曰濟濟多士文王以寧此

之謂也假令生孔子之鄉顧又與道相詭駮以病世所謂梧臺燕石迺孕於藍田非惟寡用以傷其靈繹迺或人過爲緹緗以珍之何其爽也輅又惡能無懼哉多士其欽念之維時都御史曾鈞以總理

河防王璣以招撫營田王紳
以清理鹽法御史馬三才以
清軍吳遵以巡鹽徐紳以印
馬而戶部郎中邊洵主事許
彥忠黃憲卿戴仁工部郎中
沈科員外郎周思兼主事陳
茂禮鄭述大理寺署寺副經

彥寀中書舍人文希儒行人方正脩皆有事茲土左參政楊宗氣右參議黃雲副使傅學禮僉事趙時春都指揮許璽各以公務行其專事於外則右參政方任王輪右參議喬佑副使饒思聰譚棨劉廷

臣許天倫劉燾僉事趙介夫

王顯忠錄垂成適按察使王

崇至咸嘉尚盛典者也得備

書焉

應天府儒學教授彭輅謹序

嘉靖三十一年山東鄉試

監臨官

巡按山東監察御史馮薦　伯受四川南充縣人 辛丑進士

提調官

山東等處承宣布政使司右布政使唐時英　子才雲南平夷衛籍湖廣盧溪縣人己丑進士

山東等處承宣布政使司左參政路天亨　仲元山西安邑縣人 壬辰進士

監試官

山東等處提刑按察司副使周滿　謙之四川漢州人 壬辰進士

山東等處提刑按察司僉事吳天壽　平甫順天府宛平縣籍 直隸[illegible]海縣人辛丑進士

考試官

應天府儒學教授彭輅 子殷浙江嘉興縣人丁未進士

直隸徽州府休寧縣儒學教諭劉熠 元麗浙江海鹽縣人庚子貢士

同考試官

湖廣襄陽府棗陽縣儒學教諭曾洊 濟川四川富順縣人癸卯貢士

江西九江府德安縣儒學教諭蘇檢 子約直隸石埭縣人癸卯貢士

浙江嚴州府淳安縣儒學教諭林以毅 成弘福建閩縣籍侯官縣人丙午貢士

江西饒州府浮梁縣儒學教諭吳廣 完賦廣東南海縣人癸卯貢士

湖廣岳州府臨湘縣儒學教諭李一元 子仁廣西臨桂縣人丙午貢士

印卷官

山東等處承宣布政使司經歷司經歷林相　汝翼直隸淮安衛籍浙江定海縣人監生

山東等處提刑按察司照磨所照磨劉禮　子復直隸慶雲縣人監生

收掌試卷官

山東都轉運鹽使司運使周南　希湖廣長沙府儀衛司籍浙江烏程縣人戊戌進士

濟南府知府李暹　子安江西新建縣人辛丑進士

兗州府知府高捷　漸卿河南新鄭縣人乙未進士

青州府知府劉廷儀　汝象太醫院籍浙江慈谿縣人戊戌進士

萊州府知府史載德　惟一直隸任丘縣人辛丑進士

受卷官

東昌府知府陳中（時仲湖廣沔陽州人 乙未進士）

登州府知府應大桂（邦材浙江僊居縣人 丙戌進士）

東昌府推官陳典（子厚大寧都司保定中衛人庚戌進士）

兗州府東平州知州方弘靜（定之直隸歙縣人 庚戌進士）

兗州府曹州知州李洛（中甫河南祥符縣人 甲午貢士）

濟南府歷城縣知縣王希堯（汝仁陝西安化縣人 庚戌進士）

濟南府武定州陽信縣知縣徐敦（叔厚直隸太倉州人 丁未進士）

兗州府濟寧州鉅野縣知縣虞俊（惟英浙江山陰縣人 丁酉貢士）

彌封官

濟南府同知林悅 學夫錦衣衛籍浙江太平縣人甲午貢士

兗州府同知曹金 汝礪河南祥符縣人丁未進士

濟南府推官鄭逢陽 道亨直隸固安縣人庚戌進士

東昌府濮州知州楊一和 貞甫雲南昆明縣籍太和縣人庚戌進士

東昌府臨清州知州祁世亨 希泰應天府溧水縣人癸卯貢士

濟南府濟陽縣知縣盧鎰 君萬陝西咸寧縣人庚戌進士

青州府益都縣知縣麻濟邦 子忠陝西綏德州人庚戌進士

登州府蓬萊縣知縣張循 子持河南固始縣人丁酉貢士

謄錄官

東等處承宣布政使司照磨所照磨王輿 良齋陝西涇陽縣人 庚戌進士

東昌府通判曹鶴年 惟仁直隸平谷縣人 辛丑進士

登州府推官楊應元 伯仁浙江蕭山縣人 甲辰進士

青州府莒州知州楊一瑞 應乾四川内江縣人 甲午貢士

濟南府章丘縣知縣金允成 鳴韶直隸武進縣人 甲辰進士

東昌府臨清州館陶縣知縣徐行 後卿河南祥符縣人 甲午貢士

青州府壽光縣知縣王文翰 則對山西汾州衛籍直隸蒙城縣人庚戌進士

對讀官

青州府通判荆應春 子元河南武陟縣人 戊戌進士

兗州府推官盧翰 子羽直隸潁州人 甲午貢士

兗州府濟寧州知州黄堂 允升河南内鄉縣人 甲午貢士

東昌府高唐州知州胡民表 士瞻江西龍泉縣人 乙酉貢士

濟南府武定州商河縣知縣沈晁 克昭直隸丹徒縣人 丁未進士

東昌府高唐州武城縣知縣黄釜 汝器浙江餘姚縣人 庚子貢士

東昌府冠縣知縣何宗魯 得之福建福清縣人 癸卯貢士

巡綽官

萊州衛指揮使張儒 宗孔山東濟寧州人

濟南衛指揮同知汪承宗 克孝順天府武清縣人

登州衛指揮同知劉鎮 靖之山東牟平縣人

濟南衛指揮僉事王珉 朝儀直隸合肥縣人

搜檢官

濟南衛指揮同知于慶 祥夫山東武定州人

濟寧衛指揮同知楊茂實 子誠直隸長垣縣人

濟南衛指揮僉事宗孟 懋醇順天府寶坻縣人

寧海衛指揮僉事何正 汝守直隸舒城縣人

供給官

東等處承宣布政使司理問所理問楊世爵　德卿直隸曲周縣人監生
濟南府通判馬應禎　文瑞河南孟津縣人監生
山東都轉運鹽使司判官阮珊　國重湖廣巴陵縣人吏員
沂州衛經歷司經歷石仲義　子集直隸饒陽縣人監生
濟南府歷城縣縣丞許應奎　汝徵直隸沙河縣人監生
濟南府禹城縣劉普馬驛驛丞耿豸　朝儒直隸寧晉縣人知印
濟南府鄒平縣青陽店馬驛驛丞陳子登　汝濟河南洧川縣人承差
濟南府德州平原縣桃園馬驛驛丞趙大紹　德述直隸邢臺縣人承差
濟南府長山縣白山馬驛驛丞溫藩　惟翰山西介休縣人承差

濟南府長清縣東北置馬驛驛丞賈良玉 德溫陝西華陰縣人 承差

兗州府東平州汶上縣新橋驛驛丞陳銑 惠甫浙江餘姚縣人 承差

兗州府鄒縣界河驛驛丞石嵩 起賢廣西平樂縣人 承差

東昌府高唐州恩縣太平馬驛驛丞王芳 德馨山西陽曲縣人 承差

青州府益都縣金嶺鎮馬驛驛丞徐朝卿 世忠浙江山陰縣人 承差

第壹場

四書

子路問君子子曰脩己以敬曰如斯而已乎曰脩己以安人曰如斯而已乎曰脩己以安百姓

詩云鳶飛戾天魚躍于淵言其上下察也

仁也者人也合而言之道也

易

何天之衢道大行也

動靜不失其時其道光明
歸奇於扐以象閏五歲再閏故再扐而後
掛
咸速也恒久也
書
惟動丕應徯志以昭受上帝天其申命用
休
若金用汝作礪若濟巨川用汝作舟楫若
歲大旱用汝作霖雨

潤下作鹹炎上作苦曲直作酸從革作辛
稼穡作甘
亦越武王率惟敉功不敢替厥義德率惟
謀從容德以並受此丕丕基

詩

羔裘豹飾孔武有力彼其之子邦之司直
駕彼四牡四牡奕奕赤芾金舄會同有繹
顒顒卬卬如圭如璋令聞令望豈弟君子
四方爲綱

穫之挃挃積之栗栗其崇如墉其比如櫛

春秋

冬十月壬午齊人鄭人入郕 隱公十年

冬楚人陳侯蔡侯鄭伯許男圍宋 十有二月甲戌公會諸侯盟于宋 僖公二十七年

冬公會晉侯宋公衛侯曹伯莒子邾子滕子薛伯杞伯小邾子齊世子光伐鄭 十有二月己亥同盟于戲 襄公九年

夏蔡朝吳出奔鄭 昭公十五年 冬十有一

月庚午蔡侯以吳子及楚人戰于柏舉

楚師敗績楚囊瓦出奔鄭 定公四年

禮記

君衣狐白裘錦衣以裼之君之右虎裘厥

左狼裘士不衣狐白君子狐青裘豹褎

玄綃衣以裼之麛裘青豻褎絞衣以裼

之羔裘豹飾緇衣以裼之狐裘黄衣以

裼之錦衣狐裘諸侯之服也

論倫無患樂之情也欣喜歡愛樂之官也

中正無邪禮之質也莊敬恭順禮之制
也
是故君子恭儉以求役仁信讓以求役禮
廉而不劌義也

第貳場

論

至誠贊天地之化育

詔誥表 內科一道

擬漢舉賢良方正直言極諫之士詔 建元

元年

擬唐以張玄素爲銀青光祿大夫誥 貞觀

十四年

擬

建觀心亭成羣臣

賀表 洪武十年

判語 五條

同僚代判署文案

器用布絹不如法

見任官輒自立碑
隱匿孳生官畜產
官吏詞訟家人訴
第叄場
策五道
問孔子萬代仁義禮樂之宗主我
皇祖登極之元年
遣使於曲阜致祭
命使之辭蓋欲實體孔子之道也可得而言之

與他日
命儒臣分撰五經直指揭大學衍義於廡壁註
洪範觀論語讀孟子朝夕不暇實體孔
子之道果專在是與歷考古之帝王或
表章六經或能通尚書或銳情經術或
發揮典籍或夜分觀書或專講春秋是
亦知崇道者而致治咸有可議抑何故
與我
皇上憲

天法
祖加孔子以先師之稱祀於
永明後殿崇重蓋已至矣甞
令侍從繙閱經書通鑑以資所聞輔臣以大
學衍義
進講
嘉納賦詩
敬一有箴五箴有註又以
聖學之妙施之天下其實體孔子之道敷

至治底
鴻功焉
盛世右文之主與
皇祖創業之偉烈先後一揆而古之帝王不足
論矣諸士生近闕里服膺
皇祖
皇上聖學之教有年願鋪張而揚厲之
問古之治天下各有所尚夏尚忠商尚質
周尚文可指其實而言與夫君如禹湯

文武亦盛矣皆各有所尚而不能兼乎三何與說者謂夏之政忠忠之敝小人以野故承之以敬敬之敝小人以鬼故承之以文文之敝小人以僿故又當捄之以忠信斯言也豈時不得不然與有謂忠敬文一體而分不可單行故王者行之有先後又謂忠法人敬法地文法天何所據而爲是論與前乎三代如堯舜何獨無所尚與漢唐宋史不明言所

尚亦有所謂忠質文否與我
太祖高皇帝肇造鴻業變夷爲夏
列聖相承益隆治敎其所尚固已酌三代而獨
盛者也可得而敬陳與抑或所尚者久
而敝焉果將何以捄之與幸繹陳之毋
隱
問唐人有言善計天下者察諸紀綱亦猶
善醫者察諸人之脉理是故紀綱在天
下所係甚重也試相與論之有以聖人

作爲父子君臣以爲紀綱有以君臣父子夫婦諸父兄弟族人諸舅師長朋友爲紀綱有以淑女好逑爲首於紀綱所稱不一何與歷代籌國之臣又有以井田言者有以賞罰言者有以官爵言者有以法度言者有以辨賢否核功罪言者有以恤民省賦治軍言者所指愈多當以何者爲定論與至議漢唐宋之紀綱或謂漢以規模唐以法令宋以忠厚

廉恥是果何所見與棫樸嘉樂之詩曰
綱紀四方曰之綱之紀夫固一紀綱也
此果何所指與此與世之言紀綱者同
與否與切願有以聞也
問明刑弼教虞舜制刑本意也惟明克允
欽哉惟刑之恤則用刑良法也曰明曰
欽同與異與夏作禹刑商作湯刑成周
五刑糾萬民又有五聽八辟三刺五禁
五戒八成于舜固無異與下逮漢唐宋

三章之法九章之律因至五覆罪至三
訊編勑四卷定刑統三十卷科條愈煩
亦可通諸古與我
太祖高皇帝
特勑刑官刪定律法革近代比例之煩文迺又
親灑宸翰爲序竊嘗莊誦
至教美意實與大舜同焉可得而颺言之與
列聖相承至於
今日明恤之念每切

淵衷至厪
詔旨之諄切法官之分遣
好生之德誠如天地之不可名言矣然法久
弊生有司之承奉
德意者未盡至也曰唯明可以折獄也矜一己
之智能者而深文是務明或失之於慘
曰唯欽可以恤刑也持私心以姑息者
而元惡罔懲欽或失之於縱茲欲使明
刑恤刑不失古人之真意仰副

聖天子好生之實德獄訟平而刑罰清使姦頑
知所懼而善良無所傷當何施而可
問君子爲政在審俗察敝而爲之謀故其
政無不善迺今山東之敝豈無可言者
乎曩以物產豐阜見稱矣負海潟鹵之
地生意寡遂一值荒歉即扶携逃散連
數十里而蒿萊彌望將何以富之曩以
文章禮樂見重矣鄙野獷悍之民恒心
易忘一有倡亂即荷戈抗背合數百衆

而狼虎交噬將何以敎之習尚淳厚宜無改於舊矣然昔也賦額主於地產役法酌於戶則今乃地產之厚者而顧脫重賦戶則之高者而或免重役民滋僞矣欲得其實而均之果何道乎漕運流通嘗見妨於河矣然昔也暴溢於曹單之間重臣建開河之議今則欲其南而淮泗是慮欲其東而潰決爲憂論固淆矣欲折其中而行之果何以乎是皆諸

士子桑梓之患也特舉奪之以觀宜民
之術

中式舉人七十五名

第一名王肇林　萊州府學生　書

第二名張銘　膠州學生　詩

第三名張烶　平原縣學生　易

第四名杜自然　濰縣學增廣生　春秋

第五名姜繼曾　膠州學增廣生　禮記

第六名楊桐　青州府學生　詩

第七名李芊　壽光縣學增廣生　易

第八名于慎言 東阿縣學附學生 詩

第九名杜廷棟 博平縣學生 書

第十名李子貞 東平州學增廣生 詩

第十一名劉一采 青州府學增廣生 易

第十二名杜鉞 淄川縣學生 詩

第十三名高大化 沂水縣學生 書

第十四名李枘 曹州學生 詩

第十五名翟來旬 齊東縣學生 書

第十六名成周鳳 東平州學生 詩

第十七名賈　舘　單縣學生　易
第十八名曹自守　茌平縣學生　詩
第十九名馬　仁　益都縣學生　書
第二十名朱希顏　德州學生　春秋
第二十一名高應鸞　膠州學生　易
第二十二名崔應鶴　博興縣學生　詩
第二十三名王來聘　平陰縣學生　書
第二十四名萬子可　濟寧州學附學生　詩
第二十五名辛子厚　安丘縣學增廣生　易

第二十六名侯文進　汶上縣學生　禮記

第二十七名劉啓元　武城縣學生　書

第二十八名王　楨　館陶縣學生　詩

第二十九名鮑文縉　臨清州學生　易

第三十名李興善　長清縣學生　詩

第三十一名龍　游　嶧縣學生　書

第三十二名祝兗煥　濮州學增廣生　詩

第三十三名卜宗魯　臨清州學生　易

第三十四名邵　暹　曹州學增廣生　詩

第三十五名薛承洙　濱州學增廣生　書

第三十六名鄒之魏　恩縣學附學生　詩

第三十七名傅汝梅　博平縣學增廣生　易

第三十八名陳一箴　東平州學附學生　春秋

第三十九名盧鐸　齊東縣學增廣生　書

第四十名呂田夫　東昌府學增廣生　詩

第四十一名高桂　泰安州學生　易

第四十二名許雲濤　東昌府學生　詩

第四十三名閻公朝　招遠縣增廣生　書

第四十四名楊崇儒 濟南府學生 禮記

第四十五名李用滎 高唐州學生 易

第四十六名朱崇道 費縣學生 詩

第四十七名程鳴伊 樂安縣學增廣生 書

第四十八名張　栢 萊州府學增廣生 詩

第四十九名馮時中 范縣學生 易

第五十名賈中孚 益都縣學附學生 詩

第五十一名郎尚絅 濰縣學生 書

第五十二名成守身 曹州學附學生 詩

第五十三名侯廷柱　諸城縣學生　易
第五十四名高自卑　濟南府學附學生　詩
第五十五名趙　至　濟寧州學生　春秋
第五十六名紀克一　膠州學生　書
第五十七名胡從夏　壽光縣學生　詩
第五十八名賈可思　濟寧州學生　易
第五十九名郭日新　登州府學生　詩
第六十名趙應元　安東衛監生　書
第六十一名楊廷感　萊州府學生　詩

第六十二名趙士揚 東昌府學生 禮記
第六十三名趙維屏 壽光縣學生 詩
第六十四名劉延齡 德州學生 易
第六十五名潘愚 嶧縣學生 詩
第六十六名王漸 濰縣學生 書
第六十七名李一科 東平州學增廣生 詩
第六十八名常珽 壽光縣學生 易
第六十九名張勳 壽光縣學生 詩
第七十名張齊召 高苑縣學生 春秋

第七十一名宮　濟　臨清州學生　易
第七十二名田　仕　兗州府學生　詩
第七十三名劉宗岱　歷城縣學增廣生　易
第七十四名王　輦　陽信縣學增廣生　禮記
第七十五名姚希歐　平原縣學生　詩

第壹場

四書

子路問君子子曰脩己以敬曰如斯而已乎曰脩己以安人曰如斯而已乎曰脩己以安百姓

張烶

同考試官教諭林　批　安人安百姓皆一誠自然及之士子類以感化言殊非本旨子能體認可以式矣

同考試官教諭李　批　題本心學此作獨能
發之是學君子而有術者
考試官教諭劉　批　辭簡義盡
考試官教授彭　批　是說理文字

聖人與賢者論君子惟一敬以推極之也夫敬以脩己推極之天下可平矣君子之道孰加於此且君子之學心學也心學之妙德具而業存至約而至博者也子路問君子子以心學語之曰人能戒謹于靜涵養吾心之本原惟恐有須

吏之離省察于動隄防吾心之感發不俾有物
欲之萌君子之道固若是也是脩已以敬其有
以及人與所及盡乎人實已括乎其中矣子路
不知而少之則以君子體用不偏者敬惟有以
脩已無用之學耳夫子曰脩已以敬非獨盡之
已也充積之而盛焉靜也虛動也直見之施爲
當其理物來順應人之分願可足也而人即安
矣是故一敬立而用自行也君子之道何歉哉
子路不知而又少之則以君子遠大是務者脩

已僅足以安人近小之學耳夫子曰脩己以敬非止安於人也充積之而極盛焉靜至虛動至直施爲無不當其理至公均被天下分願可足也而百姓即安矣是故一敬立而大用行也君子之道何歉哉此見達順不出於體信之外而成功惟在於充積之間聖人一言盡天下之道有若此然敬在我也充積之我也安人安百姓充積之餘而功用之著也不在我也在我者信之篤而行之至不在我者付之無心而亦以自

考焉可也故曰敬者聖學始終之要又曰聖學
無所爲而然此又有志於君子者當知也
詩云鳶飛戾天魚躍于淵言其上下察也
王肇林
同考試官教諭曾　批　鳶飛魚躍即是道
之察於上下處士子往往體認未真此作
得之
考試官教諭劉　批　親切古雅可錄以
式

考試官教授彭　批　是見道之真者

中庸發詩之辭所以盡論道之意也甚矣品物之化咸體於斯道者也于此求焉而道之費隱可識矣子思子論道既以極於大小言之亦已備矣猶慮吾人於道也日囿其中而莫覺苟不舉真切以示之必不能察識而無疑是又有鳶魚之論焉詩曰鳶飛戾天魚躍於淵如以辭而已矣鳶魚焉耳吾嘗求之其見道於鳶魚矣乎蓋理乘乎氣而氣化乎物也無一而少間則性

命於天而物率於性也無在而不然是故盈天地間有此道然後有此物也所見皆物則所見皆道也今云鳶飛戾天是道之在於天者也仰而觀之斯道之流行何其莫掩於上耶魚躍於淵是道之在於淵者也俯而察之斯道之流行何其莫掩於下耶兩言之鳶飛也魚躍也斯道固見其察於上下之間究言之魚亦鳶也鳶亦魚也斯道之察實無有於上下之別讀是詩也信知道爲費隱而所謂無外無內者於此咸確

乎有見而莫可疑矣道其可離也哉抑人之於道識見真然後存養密子思鳶魚之論正謂真見發也蓋識見既真則意念一動自有臨之在上質之在旁而不敢易者而入道有其機矣若孔子川上之嘆則又見夫道體不息學道者必始終惟一德乃日新也故曰道也者無物不有無時不然者也合而體之斯不離道於須臾矣

仁也者人也合而言之道也

李芊

同考試官教諭林　批　發明仁與道不遠人處極透徹

同考試官教諭李　批　辭不費而意自足必究心理學者

考試官教諭劉　批　理到之言自別

考試官教授彭　批　得孟子本旨

大賢明仁與道所以一學者之見也夫仁與道皆切於人者也大賢明其義以示人而萬世理學之要定矣孟子以道自任見當時言仁與道

之謬也乃爲之說曰仁之不明於天下以離人
而言之也自我觀之仁也者人也何也人所以
靈於物者此心心所以爲人之靈者此仁純粹
至善蒸民之物則也真實無妄爲物之終始也
是故天位乎上地位乎下而吾人得以成位乎
其中者恃此仁焉耳不然知覺運動之蠢然固
與物同者而豈得謂之人也仁可遠求也耶道
之不明於天下也離仁與人言之也自我觀之
合而言之道也何也主斯道者天命之本然而

弘斯道者人心之有覺性率於人百順之途啓
也人成乎天萬化之妙出也是故無物不有無
時不然而吾道爲天下古今共由者以仁與人
耳不然窈冥昏黙之爲無益于事者而豈得謂
之道也道可遠求也耶此可見理學之未明以
識見之未真孟氏抱知天之學而卓有定見宜
其言之親切如此也雖然非孟氏之私言也孟
氏受學子思而直探天命率性之旨以爲立言
萬世而下使人曉然知吾之有仁所當自立而

不容自棄知吾道之切於人所當充盡而必不
可離以開太平於無窮孟氏之功誠與禹並也
夫

易

動靜不失其時其道光明

張烶

同考試官教諭李　批　主靜之學諸士罕能
言之子其觀易之深乎

同考試官教諭林　批　光明處作者多泥本

義殊覺纏繞此言不蔽於欲自然親切有味

考試官教諭劉　批　真潔淨精微之作

考試官教授彭　批　沖雅有思致

君子有主靜之學而道斯顯矣夫動靜不失其時此君子之動靜皆主於靜也其道不顯矣乎彖傳釋艮之名義而歸諸君子之得所止也謂夫君子之當止者理而已所以協是理而止之者時而已故事物既交時乎動也則順應於外而不用其情出謀也發慮也推而通之而沛然

不疑所行矣曷嘗失其當動之時乎事物旣往時乎靜也則退藏于密而不滯其迹無思也無爲也虛而守之而寂然與動相忘矣何嘗失其當靜之時乎夫然則道之光明可知矣蓋動失其時外不免於物欲之雜擾靜失其時內不免於私意之橫生殆有不勝其暗塞焉者而奚有於光明也今當動而動物欲無所累於外而斯道之妙用顯行矣是故文章事業愈出愈昭天下仰君子之有斐也外何光明也耶當靜而靜

私意無所蔽於內而貞性之本體恒湛矣是故
聰明睿知由中而出萬世見純德之至文也內
何光明也耶君子主靜之學至此蓋深有所得
而非可以淺近窺矣雖然主靜之說盡性之謂
也蓋靜者性之真也而脩已以敬主靜之實也
蓋敬者德之聚也主靜而無敬以本之毫釐之
差千里之繆流於曲學之虛寂而失吾真性之
本然矣君子主靜而從事於敬其於所止庶矣
乎

歸奇於扐以象閏五歲再閏故再扐而後掛

李芊

同考試官教諭李　批　明再扐正見象閏之實場中識此義者僅見是篇

同考試官教諭林　批　講閏與扐甚明暢可爲浮靡者訓矣

考試官教諭劉　批　易義是如此作

考試官教授彭　批　文體莊重可錄

大傳以筮之歸餘準置閏尤必明言其實也夫置閏五歲凡再也筮之歸餘與合焉不其至妙也哉且揲蓍之法非止象乎兩儀三才四時已耳以歸奇言之揲蓍者計兩手之策不能無數之餘也或一二或三四咸歸之於扐焉是卽治曆者計周歲之運不能無月之餘也或氣盈或朔虛乃置之爲閏焉蓋餘策不歸則變無所終而卦不能立餘日不紀則時無所定而歲不能成擬之誠無異焉矣然歸奇於扐每變凡再苟

不析而明之亦未見其實象於閏也今夫治曆者積三歲之盈虛三十有六去後六日而一閏矣又加兩歲之盈虛二十有四總前六日而再閏焉然後別起積分以爲後閏之端揲蓍者掛一之後揲左而歸奇固一扐矣一扐之後揲右而歸奇又再扐焉然後別起一掛以爲後變之始所謂歸奇於扐以象閏者正以掛一揲左而歸奇凡三節而一扐象乎三歲之一閏也又揲右而歸奇凡五節而再扐象乎五歲之再閏也

合而觀之不其昭然矣乎是皆出於自然而非人之强合焉者宜大傳說之詳也大抵著生於天地而數起於河圖其源出於造化故聖人制而用之無不與造化合歸奇象閏蓋又不可以象求焉也然治曆如古聖王誠與筮法相表裏矣後世若唐大衍曆又宗於筮法者而不能無差易不可以易窺也如此哉

書

惟動丕應徯志以昭受上帝天其申命用

休

王肇林

同考試官教諭曾　批　得大禹保治微意而忠愛溢於言表

考試官教諭劉　批　冲瑩典實

考試官教授彭　批　瑩贍

天人協應之妙其必有所自矣夫天人一理而已矣人君脩德以格之其妙於協應也宜哉大禹陳謨及此以爲慎位人君之本也交脩慎位

之功也以若所爲而豈無其應乎今夫人主爲
斯民父母志本相通者也兹至誠旁達允孚其
歸向之心吾見鼓舞之化方運觀感之機自神
言而民莫不信焉行而民莫不悅焉推之即準
而動之即化殆有徯其所欲爲者也民之應於
下也何其妙耶大君爲天地宗子命固克享者
也兹明德惟馨昭受於於穆之表吾見天心之
愛彌深定保之休滋至以祿位則來綏焉以名
壽則兼崇焉百順是聚而萬福攸同殆將申錫

於無疆者也天之應於上也何其妙耶夫民心天命兩有所得如此君人之道偉然而泰寧之世益隆無替矣抑唐虞之時天人不可謂不應也若無俟儆戒矣禹方以交脩爲期而舜亦不廢受言之益何哉蓋無虞者聖人之至治也不以無虞自處者聖人保治之心也此唐虞之治所以鮮儷而萬世君臣之所當法也

亦越武王率惟敉功不敢替厥義德率惟

謀從容德以並受此丕丕基

杜廷棟

同考試官教諭曾　批　周家基業之盛皆自

文武知恤中來此作發明殆盡

考試官教諭劉　批　體認明白

考試官教授彭　批　武王繼述之善形容得當

聖君承先德而用人此大業所以並隆也蓋先
業成於得人也聖君圖任其人其並隆大業也
宜哉周公告成王意謂爲治先於用人而用人
要於求舊是故知恤之道在武王亦克盡焉矣

誠以除殘慝以廣德威文王安民之功胥賴義
德之士也武王承茲之功乃即其已試者而授
之師中之託以盡其禦侮之長焉非義德之老
成蓋莫與共事者矣布膏澤以綏困窮文王安
民之謀胥賴容德之士也武王承茲之謀乃即
其素任者而專之經畫之責以資其贊相之能
焉非容德之老成蓋不敢任用者矣夫然威武
奮而四海清舉世莫休和之福文德敷而萬姓
悅率土盡傾戴之誠受有殷命天眷固厚矣至

此則申錫無疆而創守繼盛西土怙冒王業固
大矣至此則定保盆固而作述兼隆不亦並受
此丕丕基也哉噫周公以是告成王其所以致
望者至矣何也官人之哲用人之誠自古難焉
成王立政之始正任官圖治之時周公惓惓致
意蓋欲王之作求世德耳卒之周召協心始終
無間成王之賢固不可及也周公之功亦豈可
少哉

詩

駕彼四牡四牡奕奕赤芾金舄會同有繹

張銘

同考試官教諭吳　批　作者率多以來朝入覲對待

成文子文有體裁詞復典則邃於經學者也錄之

考試官教諭劉　批　以人心爲主得之

考試官教授彭　批　明於君臣之義乃能爲此言

詩人叙諸侯朝會之盛以大中興之烈也夫朝會之禮所以親邦國也非周王振起而一之何以致其盛哉車攻之詩美宣王而作也意曰吾

王東都之會固以復典禮于久隳而維新之制自能萃人心于既渙以來朝之盛言之駕彼四牡而旂旗之相望焉和鈴之相聞焉同軌而至者繹絡於周道矣飾彼命服而赤芾之皇皇焉金舄之几几焉設觀而會者炫燿於天朝矣由是冠裳畢集一王之制度是稽玉帛交陳萬國之方物以獻五等之君有崇卑也而序爵以求厥章者罔不祇肅也五服之地有遠邇也而緣分以述所職者罔不齊一也此則政令之所及

無異於先王而周官之威儀復見於今日其中興之美不可想見矣乎抑車攻之役君子以爲揚文昭而定武烈信乎美矣然宣王非偶致也厲精圖治其欲爲也有其素吉甫張仲之屬委而任之其欲爲也有所資且謀而能斷一起而振刷之而不安於故習焉此所以能成莫大之功也後之論治道者尚當探其所自哉

顒顒卬卬如圭如璋令聞令望豈弟君子四方爲綱

楊桐

同考試官教諭吳　批　召公陳君德而諷使親賢有難於形容者是作詞氣沖容理致完粹宛然卷阿遺音足占所養矣

考試官教諭劉　批　得周庭游歌之意錄之

考試官教授彭　批　嚴正純粹

大臣於賢君備言其德之成而天下屬心焉夫人君天下之主也德成於上而人心有不聯屬者乎召公從成王卷阿之遊而作詩以爲戒至此若曰人君之馭天下也先乎德而所藉以成

德也在于賢吾君有馮翼孝德之助矣則其德不旣成乎是故德器之昭顒顒卬卬動容中禮而居尊有體矣德行之新如圭如璋純粹以精而清明在躬矣且德音播焉風聲具達而知臨大君之譽彰德輝樹焉觀化攸存而萬邦表正之範立夫然衆善悉有而豈弟之德以成矣不亦四方爲綱也哉蓋至渙而不一者四方之勢也合渙而不遺者人君之德也吾見仰精白而欽承咸有尊親之願慕元良而歸會孰無傾戴

之思車也書也行也王猷之所布無弗同也禮也樂也征伐也天子之大政出於一也蓋不必約之使同而天下之大自屬於我而莫之能外矣得賢自輔之益有若此哉抑成王之時上無秕政野無遺賢卷阿之遊若可自佚者公廼惓惓焉啓之以親賢而脩德既又以成德而勤其必爲之志焉蓋用賢圖治自古之遠猷而純心用賢人君之盛節要之至治之要係於人君之一心耳老臣用心謹微防漸忠愛也夫

春秋

冬十月壬午齊人鄭人入郕 隱公十年

杜自然

同考試官教諭林 批 說齊鄭不安處誠篤有見

考試官教諭劉 批 詞意嚴整

考試官教授彭 批 得旨

春秋于逞忿虐小之兵而直著其不順焉蓋兵以順動爲貞也郕之入齊鄭之兵忿矣於順何

有且齊鄭伐宋之舉以不會之故而加兵於郕郕小國也茍拂乎大國爲弗軌于義矣震之以師胡往不利而春秋何以書入耶蓋宋果不王以王命討之則郕之不會亦可以越志罪之也然宋之見伐寔本交惡之私王臣不行也王師不出也不過爲逞忿之謀則郕之不會非負同尊之義酌理而靜也度德而止也難議以違王之釁今乃假有名之師而長驅於式微之境聯比周之黨而相濟以陵弱之殘雖曰仗義而欲

屈其兵執言而欲聲其罪[illegible]之力則服矣欲名正而言順使郕之心服可得耶雖曰小不可以敵大弱不可以敵強齊鄭之計則得矣欲撫小而懷弱使齊鄭之心安可得耶始也假命以伐宋繼也久假而不歸以若所為不順甚矣特書入郕固惡之也是知惡逞忿尊王之義明教天下以忠也惡虐小邦交之義明教天下以仁也春秋為經世之訓信哉抑兵爭侮擾至是為甚在怨國無足怪者鄭也為周卿士而交惡不已

矯假報復私心畢爽輔之誠甚在哉其後入許

而謂其不恭亦矯僞之詞也卒之敗宋納馮志

得意滿而有繻葛之戰矣噫此春秋之所愼也

冬公會晉侯宋公衛侯曹伯莒子邾子滕

子薛伯杞伯小邾子齊世子光伐鄭

十有二月己亥同盟于戲　襄公九年

朱希顏

同考試官教諭林　批

臣之善謀君之善

用謀發明殆盡

考試官教諭劉　批　簡而莊是斷制之文也

考試官教授彭　批　可錄

春秋紀霸國制敵之績而美其能用賢也夫不戰屈人制敵之道也晉臣善謀而霸主用之此春秋所以美與且晉何爲而伐鄭耶楚爭鄭而鄭從之也伐之而何爲復盟耶伐鄭楚至不與戰也夫以兵加人未有不相接者而弗戰何耶悼則以爲威天下有道而兵革不以爲利懷天下有德而强大不以爲勇故荀偃之策競力之

淺謀也則却之而所以不眩於內者有所主知罃之言息勞之勝筭也則用之而所以決勝於外者適其宵卒之楚以謀屈而善勝之道得鄭以誠感而于戲之盟成使悼公聽言而無所決擇焉則崛强無厭楚也合兵待戰俘馘所不免矣何以爲我制耶反覆無常鄭也玉帛待强兵爭無寧日矣何以爲我服耶是知善謀者武子之智也善用謀者悼公之賢也悼之功制乎內外而罃之善成乎君臣此春秋之所美與抑是

役也得於武子之善陣而成於魏絳之息民雖城濮之績不過焉故自邲以來鄭專事楚及悼之與鄭不敢叛楚不敢爭者皆得賢之益爾若夫通吳懷陳君子不能不為晉惜也

禮記

論倫無患樂之情也欣喜歡愛樂之官也中正無邪禮之質也莊敬恭順禮之制也

姜繼曾

同考試官教諭蘇　批　情宜貫徹意本相承作者類多平講此作既不失禮樂之本又深得用禮樂之意

考試官教諭劉　批　充實

考試官教授彭　批　得旨

記者論禮樂之義不外乎和序而已蓋禮樂以和序爲本也存乎人者無本焉禮樂其能自行哉且禮樂之在天下也其數至顯而其義至精善觀禮樂者觀諸義而已矣是故雅頌之辭足論律呂之音有倫極和而無患害焉者蓋有此

樂即有此和固聲音自然之情也然和由中出使存乎人者不和如樂何哉殆必性天順適而欣喜歡愛與天地之和無間焉則在我無不和矣由是以之作樂則見於辭者此和而足論播於音者此和而有倫是故無聲之樂寔所以主乎有聲之樂也不曰樂之官乎乃若無過不及而中無所偏倚而正極序而無邪僻焉者蓋有此禮即有此序固儀則森然之質也然序自外作使存乎人者不序如禮何哉殆必動容收斂

而莊敬恭順與天地之序無間焉則在我無不
序矣由是以之爲禮則行之有序而可得其中
立之有序而可得其正是故無體之禮寔所以
裁乎有體之禮也不曰禮之制乎此見和序者
禮樂之本者也而人則存乎和序者也君子欲
舉禮樂其必反諸身乎大抵先王之制禮樂未
嘗外人情而強爲之夫惟本諸人情是以用禮
樂者必預養吾心之和序而亦不可以外求也
然所以預養此心者必有道焉亦曰心思未通

乎性命不足以語乎禮樂耳是故志於禮樂者
性命又不可不講也
是故君子恭儉以求役仁信讓以求役禮

侯文進

同考試官教諭蘇　批　恭儉信讓與仁禮相須

此作明淨親切可錄

考試官教諭劉　批　恭儉信讓貼事君講太是

考試官教授彭　批　精確

聖人言君子之事君有所以求盡仁禮之道焉

夫恭儉信讓仁禮之用也君子求盡于此而仁禮可得矣孔子之意謂夫臣子事君不容已者情也而不容不盡者道也今夫有庇民之德而無君民之心愛君也夫是之謂仁君子甞求爲仁矣然仁不遽爲必自恭儉始焉是故守其常而敦乎靖共之志貞其養而率乎安節之方雖未即至乎仁也然恭可進於無私而儉能底於無欲由是而之而中心安仁矣愛君之心不即此而具哉乃若有庇民之德而無君民之心敬

君也夫是之謂禮君子嘗求爲禮矣然禮不遽爲必自信讓始焉是故誠慤存而內焉可對於神明謙光著而外焉不先乎賢智雖未即至於禮也然信可爲學禮之本而讓得於行禮之實由是而之而周旋中禮矣敬君之心不即此而具哉夫君子求盡於仁禮而執仁禮以事君則臣子之分盡矣豈非爲臣之所當法者與求之於古舜有好生之仁溫恭之禮以事堯雖渾成之德無庸於學而恭儉信讓無所不至是以精

白之忠勤勞之烈建一代文明之業而萬世允賴焉故曰後有作者虞舜為不可及已是故求仁禮以事君者不可不仰法乎舜也

第貳場

論

至誠贊天地之化育

張烶

同考試官教諭林　批

贊化育以無容心立說得聖人之心矣錄之

同考試官教諭李　批　脩詞古雅析義精核非苟作者

考試官教諭劉　批　意足

考試官教授彭　批　良是

聖人以成物爲心成能天地聖人無容心也聖人視萬物爲一體一物有遺皆吾性未盡是故不能無心也萬物之性盡矣人曰天地未能而聖人成之不知聖人之心即天地之心其所能即天地之能初非有加於天地也聖人豈有成

能之心哉夫天地生物理乘乎氣而萬物之生也得其理以爲性焉質異受風異氣類異等用異宜不能盡性多矣聖人生知安行厥性渾然全備以吾性之量本足兼利萬物也而物性不盡則吾性之量未盡而吾之心亦不能自安是故爲之井田以養之學校以教之九經三重以一之五刑五用以齊之彌待田漁取木薙草各以其時牧圉工虞各有其禁以撙節愛養之凡此皆聖人之容心也及夫功久而效著萬物各

盡其性矣剛柔雜揉以莫不中疲癃殘疾鰥寡
孤獨顛連無告以莫不養蠻夷戎狄以莫不服
昆虫草木之類以莫不若聖人亦不過曰盡吾
性之量已矣而豈自知爲成能也且大哉乾元
萬物資始至哉坤元萬物資生天地成物之心
何如也顧分有所限其於萬物之性弗克如聖
人之曲成焉此豈天地之不能而聖人能之哉
蓋天地有是心而限於分即其有是能也聖人
心其心而能其能耳是繼天地之志而述天地

之事天地何所少聖人何所加而乃自以爲成能也自天下後世頌之則以爲天地未能而聖人成之聖人之心曷嘗自知也哉古之聖人留心成物莫堯舜若也黎民於變四方風動則成物而物無不成者亦莫堯舜若也今考其經畫底定之功皆平成天地之事若可以爲成能矣而堯舜兢業之心惟以天下未得其所爲憂天下得所而心亦已矣此外豈所知耶然聖人豈惟不知成能天地也其成物也亦以品物之生

覆載間同胞吾與吾奔遍之俾不失分願耳蓋
亦不知成功於物也盡於物已成矣尚謂天下
至大吾治豈能偏無未及者而所以圖之且汲
汲不自已焉成物之心又曷嘗一時而少忘哉
成能天地信乎聖人無審心也

表

擬

建觀心亭成羣臣

賀表　洪武十年

李芊

同考試官教諭李 批 觀心之學實

帝王精一之傳而微妙難言之旨子能根據理要亦仰窺

聖心於萬一者錄之非徒以其文也

同考試官教諭林 批 此我

太祖聖不自聖之心也

聖子神孫世守而弗替者端在於此子能舖張而揚厲之佳士也

考試官教諭劉 批 對揚中發明心學殆盡

考試官教授彭 批 典則

洪武十年某月某日恭覩

皇上新建觀心亭成臣等誠懽誠忭稽首頓首

謹上

表稱

賀者伏以

景命靈承懋切時幾之勅

皇心宥密獨觀化理之源鼎建

宸宮恒居敬所知

玄穹之降鑒仰

聖德之緝熙臣等竊惟天下之道本於心聖人之學存乎敬欽明浚秘肇自神堯精一傳心垂於大舜禹承二聖惟兢業以圖幾湯式九圍在顧諟於明命文德緝熙於昭事武功敬勝於丹書是能成性存存率皆小心翼翼自三五之風邈而誠敬之學湮宣室夜虛蒼生靡及重門洞啓素屐何裨治功僅見於小康心法不傳於正脉時應有待道不虛行恭惟

皇帝陛下

承天啓運

握紀凝圖霆掃胡元闢乾坤於再造

龍飛淮甸揭日月以重明

建皇極而錫厥庶民

觀人文而化成天下

湛恩汪濊

至治馨香

篤恭已妙於無言

望道猶勤於未見謂心涵萬化實出入之靡
常而神應無方貴操存之有要況鄉禾假
廟敬則居歆而體道迎神乎之在豫苟危
微之罔辨闗治忽之攸分乃
曆
宸衷爰申
巽命
特簡
宮城之上弘開

淵默之居玉舄金楹遙通黃道翬飛鳥革上
接紫微非侈美於雕墻期優入乎聖域
端居高拱凜
上帝之昭臨却聽返觀儼神明之對越無欲而
靜有感必通仁饗
帝而孝饗
親百神受福
聖盡倫而王盡制庶績其凝此誠精禋之極功
而臣民之丕式者也臣等幸際

熈時欣逢
盛制有嚴有翼敢自外於
宮墻是訓是行願咸歸於
帝化忭懞夏屋同雀燕以騰歡揚厲
徽猷效涓埃而作頌伏願
配天行健
應地無疆自
深宮以至
大廷由宏綱而及庶務恒寅清於夙夜求感

孚於幽明
一德通玄五辰順軌百靈效祉四夷咸賓
接道統於皇王
垂鴻圖於億萬臣等無任瞻
天仰
聖欣躍屏營之至謹奉
表稱
賀以
聞

第叁場

策

第一問

張煥

同考試官教諭李　批

孔子之道該括治體我

皇祖

皇上為能實體而推明之所以求萬世之基者在此子能備述而揄揚其盛忠愛之意宛然在目

同考試官教諭林　批

我

皇祖
皇上明道體道之實功子能鋪揚不遺末復歸於執中一言尤見
傳心之妙佳士佳士

考試官教諭劉　批

聖學相傳皆由
天啓得子之作可以繹思其盛矣

考試官教授彭　批　我

皇祖
皇上一德媲美治化熙明子能言之其善於對揚者矣

帝王之講正學也乃所以明道也帝王之
體正學也乃所以行道也蓋正學不講則
道雖至而不章於天下正學不體則言雖
切而無補於治功故講之而謨訓之宣昭
斯道也大明而莫掩矣體之而德業之廣
布斯道也大行而無滯矣知此則知我
聖祖於孔子之道能曠世而相感我
皇上於
聖祖之學真繼世而同神者歟愚也涵濡道化

霑被文明欲鋪張而揚厲之殆繪天地而難爲工矣明問所及敢不掇拾以對自虞廷授受道統斯傳周公既往道統未振天生孔子爲之主盟刪詩書定禮樂贊周易修春秋爲天地立心爲生民立命上有以繼帝王之心法下有以開萬世之太平奈何去古既遠聖學就湮崇信之術弗明趨向之力未至漢武帝知表章六經矣光武知通尚書矣然其治雜霸焉唐太宗知銳

情經術矣玄宗知發揮典籍矣然其治雜
夷焉迨至有宋太宗則夜分觀書矣高宗
則專講春秋矣然其治又柔懦而弗競焉
要皆徒慕空名終歉躬行之實留情章句
有愧反身之功耳惟我
皇祖奮神武以定天下敷文教以綏太平嘗遣
使曲阜致祭矣其辭曰仲尼道與天地並
爲天下主期在明教化以行先聖之道大
哉

皇言所以崇重之者何其至也肆我
皇上憲
天以凝命法
祖以致治覃尊稱孔子隆以先師矣且於
永明後殿歲舉祀典一哉
皇心所以崇重之者又何其至也竊覃仰揣崇
重之實蓋不外於明道行道二者而已矣
請以明道言之我
皇祖五經直指

命儒臣以分撰大學衍義揭廡壁以備觀至於
註洪範而闡箕疇之秘焉觀論語而嘉治
國之良規焉讀孟子而取仁義之要語焉
我
皇上始
命儒臣繙閱經書通鑑以資所聞繼納輔臣之
請
進講大學衍義而
欣然賦詩至於

敬一有箴揭聖學之要焉四箴有註明克復
之旨焉心箴有註示操存之功焉
宸章睿翰珍傳於內外者何炫燿也彼漢唐宋
諸君之所以崇道者豈能是乎請以行道
言之我
皇祖
饗帝而誠一弗貳
饗親而悲咽不勝宮禁凛出入之防近習杜
干預之漸至於官規肅上下之分也獄瀆

去前代之封也華詞賦之浮靡而以經書
爲文也掃胡俗之鄙陋而以綱常爲重也
我
皇上
一德以格天
大饗以尊親飭戎兵以預備遇水患而賑民
至於正冠裳以崇禮也審聲音以作樂也
敦仁愛以睦族也弘緒業以垂休也
聖德神功紀贊於臣民者何彪炳也彼漢唐宋

諸君之所以崇道者豈有此乎
祖孫繼盛先後重光道化克配乎天地治功卓
越乎古今又豈草茅賤士可得而贊揚也
哉雖然學至乎聖而止道至乎中而極故
中也者千聖之所同心而斯道之所統會
焉也執中用中二帝相傳建中建極三王
相襲久矣嘗莊誦
皇祖諭曾魯之言曰堯舜授受其要在允執厥
中此蓋

聖學之本也又嘗伏讀
皇上敬一之箴曰匪敬弗聚匪一弗純此蓋執
中之旨也杏壇要訣夫固心領而神會矣
故以之講正學而道無不明者此中之存
也以之體正學而道無不行者此中之用
也有
皇祖以作之於前是爲美而彰矣有
皇上以繼之於後是爲盛而傳矣書曰丕顯哉
文王謨丕承哉武王烈敢以是爲

今日頌

第二問

王肇林

同考試官教諭曾　批　習尚之關於治體大矣此策敷陳聖人順時建中之政補偏捄弊之方殆無遺論錄之

考試官教諭劉　批　詳明精確是究心治體者

考試官教授彭　批　探本之見

爲治之道順時以立政者因乎勢捄敝以

通變者存乎權夫天下之俗趨於勢勢弗
因政不可得而善矣天下之政妙於權權
弗存敝不可得而捄矣爲治者知勢之不
可挽也而宜民之政行焉則其化易達知
權之不可廢也而盡利之變運焉則其流
可防達於此而爲治不難矣且古之時風
氣龐厚天下大同渾渾乎爾噩噩乎爾迨
於唐虞有堯舜以爲之君聖聖相承同守
一道在朝有同寅協恭之美在野有時雍

風動之休無不忠也孰名其忠無不質也孰名其質無不文也孰名其文政無可揀之敝俗無可更之化粹乎無以議爲矣無尚之可言也更尚之說其起于三代之世乎夏之政尚忠觀其養民任土作貢而隨其所出教民先祿後威而惟恐或傷可徵也商之政尚質觀其爲養則八家九區而一定不易示教則三風十愆而罰先於賞可徵也至於有周取民兼貢助之法合人

情而宜土俗立學有大小之分造小子而
德成人其政之尚文又可徵也夫禹之興
非不能兼質與文也禹當地平天成之後
事爲漸繁之辰猶有唐虞之遺風焉故不
得不尚忠湯亦非不能兼忠與文也武王
亦非不能兼忠與質也湯欲纘禹舊服時
則風氣漸開不得不漸趨于詳而尚質矣
武王欲反商政舊染一新不得不益增以
詳而尚文矣司馬遷謂忠之敝承之以敬

敬之敝承之以文文之敝又捄之以忠三
王之道若循環終而復始誠有見矣彼班
固謂王者行之有先後又謂法天法地法
人則涉于有意之言而豈聖人之本意也
哉三代以還政降習敝漢興寬大之政與
民休息頗近忠矣然智術是尚忠何在焉
唐興仁厚之風監隋苛虐頗近質矣然大
綱不正質何有焉宋也崇文臣而重學校
復禮樂而倡道學似亦文矣然姦黨名而

僞學禁成功少而議論多又何以文爲哉
夫三代聖人之可傳于後者或法天而立
道或乘時而捄偏所以卒致一代雍熙之
盛也漢唐宋之不古若者或承俗之敝而
不知返或安政之常而不知變所以僅成
一時小康之治也洪惟我
太祖高皇帝肇造鴻業
列聖相承益隆治教真堯舜之同守一道也是
以深仁厚澤覃被于無窮真德實意流行

而不息天下後世惟見其崇廉恥篤倫誼
焉見其惇信實從儉約焉見其習禮樂誦
詩書焉有夏之忠而又有商之質者在有
商之質而又有周之文者存取三代之制
而用其中未可以一端名也但承平日久
寖異於初忠或失之詐質或失之奢文或
失之鄙不能無執事所謂敝者蓋積習之
漸勢所必至欲有以捄之無他道也惟即
其所尚之偏而嚴其化裁之教其偏可捄

而其澈可挽也是故嚴刑賞之教而民可
無詐矣嚴恭儉之教而民可無奢矣嚴典
禮之教而民可無鄙矣一教化之間而天
下之俗有不翕然丕變者哉雖然救澈者
教也而所以敷教者誠也誠存則教無不
行教行則化無不達化無不達則積習之
舊頓易而至治之美維新矣通變宜民者
尙當加之意焉

第三問

杜廷棟

同考試官教諭吳　批　正心脩德綱紀之本盡倫盡制綱紀之實此篇獨知豈嘗志治道而有得者耶

同考試官教諭蘇　批　究極詳明議論切當通達國體者也

考試官教諭劉　批　條答無遺足占所蘊

考試官教授彭　批　經世之學

善圖治者有其法善立法者崇其本法者

倫制兼盡所以維持天下之具紀綱是也
本者內外交養所以培植化理之原脩德
是也有本以飭法天德運而王道彰有法
以經治大綱正而萬目舉凡爲天下國家
者所宜愼重而體察也且紀綱之名肇於
五子之歌而義則未著紀綱之義見於漢
儒之解而實亦未詳子夏曰聖人作爲父
子君臣以爲紀綱所以昭聲律之由和也
匡衡曰淑女好逑爲紀綱之首所以示妃

匹之當戒也班固曰君臣父子夫婦爲三綱諸父有善諸舅有義族人有敘昆弟有親師長有尊朋友有舊爲六紀則備舉紀綱之端也夫是數者皆以綱紀之在人倫者言也歷代籌國之臣仲長統以井田于謹以賞罰姚崇以官爵杜黃裳以法度各指夫一事者也朱熹謂辨賢否以定天下之分核功罪以公賞罰之施又謂天下之務在恤民恤民之實在省賦省賦之實在

治軍專指夫救時者也夫是數者皆以紀
綱之在政事者言也棫樸之詩曰綱紀四
方而先之曰勉勉我王又曰周王壽考遐
不作人蓋文王有純一之德又能悠久以
成物故統理極其至也假樂之詩曰之綱
之紀而先之曰穆穆皇皇又曰威儀抑抑
率由羣匹蓋王嗣有敬美之實又能脩身
以任賢故爲四方之綱也此則內外交養
以成吾德而爲紀綱之本者也夫君人以

一身而統乎億兆以四海而附於一人欲使其懾服之惟吾之為聽把持之莫敢有所離是必先有內外交養之德以為紀綱之本次之以人倫之紀綱以齊家終之以政事之紀綱以治國而平天下焉可也何也天下猶人之身紀綱猶人之脉理而德則人之元氣也德之不脩是元氣之餒也元氣餒則脉理不平而欲求人身之安也難矣故董仲舒曰人君正心以正朝廷以

正百官以正萬民而莫敢不正者此也胡宏曰天下有三大大本一心也大幾萬變也大法三綱也朱子亦曰人主心術必公平正大然後紀綱有所係而立也此皆有所見也鞏即漢唐宋之紀綱而觀之矣三章約法十五稅民南北寓軍制剖符封功臣漢以規模爲紀綱矣然却詩書而偏好尚習刑名而惑符讖至於指大如股脛大如腰其規模何在耶六典建官府衛置兵

分世業以均田租庸調以定賦唐以法令
爲紀綱矣然人倫瀆而慚德多胡越同而
浮屠溺至於藩鎮沮兵士卒逐帥其法令
何在耶禮降王易節制兩府臺諫而督察
有道三衙四廂而簡閱有方宋以忠厚廉
恥爲紀綱矣然陳橋啓祚金匱渝盟矯誣
不智剛斷未足至於一夫流言道路易令
其忠厚廉恥又何如耶是皆本之未講故
其倫制未盡治不古若良有以也又考諸

古之帝王矣其本諸身曰明德也精一也祗德也日新敬止建極也是以發而爲紀綱親九族徽五典脩人紀敘彝倫問膳展親所以善則於上何如也分九服頒六等治曆象畫井田建辟雝定則壤所以經營乎下何如也故其治之所成於變焉風動焉四訖永懷咸和永清焉而天下後世莫可及矣夫三代而上紀綱立而萬化行者有本故也三代而下紀綱具而萬化弛者

無本故也若內外交脩而本於身心者無可議倫制兩盡而敷諸紀綱者有可傳有是內聖之德又有是外王之業以齊美於古之帝王而陋漢唐宋於不居者吾有見於

今日之盛焉

第四問

杜自然

同考試官教諭林　批　用刑一策此作仰述

我

皇祖

皇上明恤

淵衷同於虞舜而天下臣民皆當奉承

德意恪循良法可謂識其大者矣

考試官教諭劉　批　斟酌用刑適中處

明切

考試官教授彭　批　歸重於教民任人

良是

聖王之治天下也必有仁以育天下之生亦必有義以正天下之法此可見聖人有所不忍于天下固所以愛民而有所忍于天下亦所以愛民不可以殊觀也何則聖人之心豈不欲與斯民相安于無事以全吾心之愛哉詎意民僞日滋有梗吾治于是乎不能不用刑以防之矣其所以防之者非故病乎民也亦惟使之去僞存誠以弗罹乎咎耳則夫仁愛之心何嘗不寓於

用刑之内耶奈之何一于仁者失之縱一
于義者失之刻求其仁義並行輕重適中
者不多見焉是豈聖王制刑之初意哉知
此則知我
皇祖定律之心及我
皇上好生之實真可以媲美虞舜而陋漢唐宋
于不足言矣請因明問所及而條陳之昔
舜之命皐陶也曰惟明克允又曰欽哉欽
哉惟刑之恤哉夫謂之明允者蓋欲致其

明察使刑當其罪而人無不服非一于宥而無刑也謂之欽恤者蓋欲詳審曲直令有罪者不幸免而無罪者不濫刑也曰明曰欽其義何嘗不同也哉自舜而後夏作禹刑商作湯刑與舜之明恤無異也至于成周法制大備有五刑以糾萬民一曰野刑上功糾力二曰軍刑上命糾守三曰鄉刑上德糾孝四曰官刑上能糾職五曰國刑上愿糾暴有五聽以察疑獄一曰辭聽

二曰色聽三曰氣聽四曰耳聽五曰目聽
又有八辟以原臣下一曰議親二曰議故
三曰議賢四曰議能五曰議貴六曰議勤
七曰議賓八曰議功有三刺以訊其實一
曰訊羣臣二曰訊羣吏三曰訊萬民又有
五禁一曰宮中之禁二曰官府之禁三曰
國中之禁四曰田野之禁五曰軍旅之禁
禁者使之勿犯也有五戒一曰誓用之軍
旅二曰誥用之會同三曰禁用之田役四

曰糾用之國中五曰憲用之都鄙戒者使之知所守也有八成一曰邦汋謂探密事而泄之者二曰邦賊謂將違亂者三曰邦諜謂為敵人之間諜者以至犯邦令橋邦令為邦盜為邦朋為邦誣者皆亂法之民而八成所以正其亂也周法雖多於古無非明恤之義也自此而下漢之三章五章簡則簡矣厥後見知故縱之法作而禁網寖密唐之五覆三訊審則審矣厥後失入

則無辜而失出爲大罪宋之刑統編勑亦
云詳矣然邪正互用而恩義或傷是皆於
古之制刑爲有戾也元不師古取一時所
行之事列爲條格而胥吏之弊益滋刑獄
之濫至此極矣我
太祖起而振刷之定爲法律以除煩弊嘗觀
御製律序有曰朕有天下明禮以導民定律以
繩頑大哉
皇言眞與舜之明刑弼教者異世而同揆矣

列聖相承率皆是道我
皇上繼之明恤之念每切
淵衷至廑
詔旨之諄切法官之分遣
好生之心真如天地之不可名言矣然承平
既久法立而弊生令行而民玩而有司之
奉承
德意者未必盡良矜智能者而深文是務其刻
也民不聊生矣安在其爲明耶持姑息者

而元惡罔懲其縱也良善負寃矣安在其
爲恤耶匪明匪恤豈我
皇祖
皇上所以制刑之初心又豈古昔聖王仁育義
正之意也哉夫刑本生人非求斃人義之
立者固仁之行乎其中耳而今之溺于一
偏者任意而輕重之宜乎枉縱之弊相尋
于天下也爲今之計奈何亦曰教之而後
刑之任法不如任人耳何謂教之而後刑

也蓋深山窮谷之民無所知識及其誤觸
法網則又不能以姑息之殆必如舜之象
以典刑晝爲五刑之狀以昭示百姓我
太祖亦曰懸法象魏使人知而不敢犯是也既
知之矣而復犯之則一無所恕而必置之
于辟彼將誰咎哉何謂任法不如任人也
蓋海隅遐陬不能皆良有司者未通律法
故也必也自進士科以至雜流俾皆講習
如

祖宗之法刑名不通者不許入仕且又申明古
人欽恤之義使人知遵守酷刑者必有法
而縱惡者必有刑夫既教之而後刑而又
任人以立法矣而天下之平又有如種德
乃降之臯陶式敬由獄之蘇公焉則我
皇祖與
皇上上稽天理中順時宜下合人情之意可以
永久而無偏矣尚何枉縱之為憂也孰事
其教之

第五問

姜繼曾

同考試官教諭蘇　批　四事東省急務子能究利病之原而條畫其宜捄偏補弊鑿鑿可行殆抱先憂之志者

考試官教諭劉　批　末用任人之說是

考試官教授彭　批　有用之學

夫圖治以捄敝者莫急於乘時因時以立政者莫先於察宜宜民而不失時者莫要

於任人古之善乘時者謂其圖之於未敝
故常安而無意外之虞也況其敝已形而
泄泄焉不爲之所敝而成焉其何能及是
故時也者君子之所急也然知時而或昧
其宜則利之興適以起害法之立適以滋
敝執古者不通於今泥遠者反遺乎近將
何益於治乎是故任人爲要也得其人而
任之則相時宜民而政自舉雖措諸天下
裕如矣而況捄我東土之敝乎哉夫生

明盛之世而不能明於當世之務恥也況桑梓之患患最切者幸承明問之及其敢默焉已乎且我山東負山帶海物產豐阜則大國之餘風文章禮樂俗尚淳厚則先聖之遺教載諸往牒傳諸故老其在於今宜不異於昔也況值海內全盛密邇

畿甸深育我

皇上久道之化宜其徧爲爾德矣而何治久之弊目前之患廼大有可言者乎閭閻之間

不聞歲月之蓄所仰恃者天時耳稍值水
旱則扶携逃散轉於四方獷悍者嘯聚而
荷戈抗背至勤捕勦此其漸不可長也民
之財力竭於賦役非賦役之害也賦役不
均害之也姦巧之民飛灑花分詭寄影射
不可勝詰故田連千畝者額脫重賦地無
立錐者追呼未免攤包展轉而流移無告
矣此不可不爲之處也河之遷折不常也
運道資其利而亦不能無害焉魚臺曹單

之間百餘年中決者數數而民皆魚鱉所
不忍言此不可不爲之防也夫未患而憂
是謂及時而今也曹單之被害既驗矣賦
役之滋僞既甚矣弄兵橫行者既無忌矣
今歲水澇爲患而懸罄之室遂空矣爲之
長者不及今爲之所而猶可徐徐以待其
極乎愚所謂不可以不乘時者此也然此
四繳蓋嘗思求其宜矣夫蓄積有待則民
不至於菜色救荒之便其隋之義倉乎盈

則斂之歛則散之官無所私而民受其惠亦庶乎預備之良策矣但其法行之於社則難得其人以主之今宜併於有司遇荒則散之於社使無侵無擾可也什伍相保則姦宄不得以時作禦盜之法其宋之保甲乎聯而比之校而練之姦無所隱而兵無所費庶乎寓兵之遺意矣但其時更募新兵故民苦擾而不稱便今宜就於民間置校置保使訪緝周而撲滅易可也賦役

之制始也參其門則酌其資產將以裒多益寡非不善也而玩習之久適以滋相凌相欺之弊今惟定賦以地量其廣狹肥瘠以爲厚薄如禹貢之則壤成賦焉定役以丁視其多寡老幼以爲損益如周官之校民均役焉而門則無事於規避也資產無容於隱匿也欺詐之習有不挽爲淳厚之風矣乎河之折而東也張秋故道甚邇曹單曹單決則張秋可慮而諸泉必因之東

奔運道阻矣議者欲穿趙皮寨孫家渡以
殺上流之勢然二河開則河必南徙而近
淮有
壽春諸王之墳近泗有
皇祖之陵甚可慮也爲今之策莫若於曹單之
地疏濬淤澱從賈魯之中策俾河身深廣
足以容受河之兩岸寬立隄防多置捲埽
從賈讓之下策俾岸址堅厚不能奔突是
雖不能不費財勞民也然校之二河之濬

功則易矣而又於其中節丁夫之勞苦數
撟草之經費是亦治河之道也然守令之
責所以承流宣化使民無愁苦而弼成至
治者也得其人以舉政而四徼不患於難
除矣且河之遷決非人力也預防之政固
不可以諉焉者今之預備倉非即義倉之
法乎民不蒙惠孰執其咎也保甲之法不
嘗申令而致意乎而姦宄不戢非奉行者
之未至而何也地數之丈量也丁口之保

勘也而非廉明之吏則姦僞脫漏之多端而不均之歎其終免乎故曰有治人有治法東土捄敝未有外於選擇牧民之吏之爲要也愚生之見不知所裁惟執事進而敎之幸甚

山東鄉試錄後序

嘉靖壬子秋八月山東鄉試
錄成熠當序之末簡敢颺言
曰三載舉士
制也熠於斯錄也重有慶焉山
東海岱名邦鍾靈誕聖而洙
泗羣賢咸產于斯流風餘澤

浸被弗窮故英傑代生紀載
垂炳孟軻曰近聖人之居若
此其甚也我
國家制科錄士藝擧言揚奮庸
敷績聲光相望惟
皇上凝命承休丕揚文教禮樂熏
烝道化龐洽三十餘年孔子

曰王者必世而後仁茲其時矣夫士產斯地以紹文獻之遺遘斯時以蒙漸摩之澤迺得躬際其盛論秀以賓

王家將得人獨盛而他日建樹必有超軼後先者故曰重有慶焉夫上之舉士也將須其

學以贊成化理而士之求舉於上亦將以所素養而效用於時是以士不患弗庸患無適用之學舉士不患文弗工患無攄衷之素素定而闡於文則非徒飾而達之足爲經綸之資學茂而後庸之則秉

時服采而顯布天下者皆實用易曰脩辭立其誠所以居業也記曰事君先資其言拜自獻其身以成其信蓋言不徒飾而措之爲實用者也士不以實用待其身士之敝也舉士而不得實用之才典試

者之恥也故熠入院恒惴惴焉而況以管蠡之見求之文藝之末乎

國家以文取士而以政試之隨才授任咸登於理間有未效非文與政果不相侔也繪辭襲旨文非不蔚然而心源未

徵將弗融於聖賢經世之蘊
博古訓按成憲曰執此可施
之用矣而弗達於時則澤潤
生民之效容有未臻此熠所
爲惴惴焉而不能自已也諸
士以文進矣果皆文之攄衷
學之適用者乎抑或有專繪

龔泥訓典者乎天下誠有業
同而趨異文類而實殊者士
辨之貴早也況產茲名邦深
育
聖化則既幸矣其尚思弗愧聖賢
之鄉以贊成
皇上仁世之業芳聲嘉績流耀無

疆夫然後士之自待與典試

之責均爲無負否則以熠今

日之慶而貽將來之恥非所

以望多士

直隸徽州府休寧縣儒學教

諭劉熠謹序